古代歷史文化 研究輯刊

十七編

王明蓀 主編

第 **16** 冊

晚明中西文化的碰撞與融合
——以利瑪竇時代爲中心（下）

張宗鑫 著

國家圖書館出版品預行編目資料

晚明中西文化的碰撞與融合——以利瑪竇時代為中心（下）／
張宗鑫 著 — 初版 — 新北市：花木蘭文化出版社，2017〔民
106〕
目 4+150 面：19×26 公分
（古代歷史文化研究輯刊 十七編；第 16 冊）
ISBN 978-986-404-956-1（精裝）
1. 利瑪竇（Ricci, Matteo, 1552-1610）2. 文化交流
618   106001389

ISBN-978-986-404-956-1

9 789864 049561

古代歷史文化研究輯刊
十七編　第十六冊　　　　　　ISBN：978-986-404-956-1

晚明中西文化的碰撞與融合
——以利瑪竇時代爲中心（下）

作　　者　張宗鑫
主　　編　王明蓀
總 編 輯　杜潔祥
副總編輯　楊嘉樂
編　　輯　許郁翎、王筑　美術編輯　陳逸婷
出　　版　花木蘭文化出版社
社　　長　高小娟
聯絡地址　235 新北市中和區中安街七二號十三樓
　　　　　電話：02-2923-1455／傳眞：02-2923-1452
網　　址　http://www.huamulan.tw 信箱 hml 810518@gmail.com
印　　刷　普羅文化出版廣告事業
初　　版　2017 年 3 月
全書字數　278214 字
定　　價　十七編 34 冊（精裝）台幣 68,000 元　　　　版權所有·請勿翻印

晚明中西文化的碰撞與融合
──以利瑪竇時代爲中心（下）

張宗鑫　著

目

次

第四章　利瑪竇與耶釋之辯

　　與儒耶關係不同的是，學界對耶釋之爭明顯關注不夠。而經過長時期的碰撞，尤其是受三教合流的影響，佛教在明代已經完全中國化了，成為中國傳統文化的重要組成部份，耶釋之辯也就更應該屬於中西文化關係的重要方面，加以認真梳理。明後期天主教與佛教的衝突是十分明顯的，一方面出於易佛補儒策略的需要，而更重要的在於兩者宗教理念上的差異，以致在雙方之間產生諸多誤解。儘管如此，雙方之間的辯論，在彰顯差異的同時，也使得雙方在諸多問題上的趨同得以呈現，為當今不同文化間對話深有啓發意義。

第一節　西僧形象的揚棄

　　服飾在中國傳統社會具有獨特的社會意義，它不僅僅是社會文明程度的體現，更是一種區別社會身份和等級的標誌。明初太祖就對社會各個階層的服飾乃至出行裝束作出明確的規定，甚至細化到服飾的用料、質地、顏色以及尺寸。據《明史・輿服志》載：「明初，庶人婚，許假用九品服。洪武三年，庶人初戴四帶巾，改四方平定巾，雜色盤領衣，不許用黃。有令男女衣服，不得僭用金繡、錦綺、紵絲、綾羅，止許紬、絹、素紗，其靴不得裁制花樣、金線裝飾。……十四年令農衣紬、紗、絹、布，商賈止衣絹、布。農家有一人為商賈者，亦不得衣紬、紗。二十二年，令農夫戴斗笠、蒲笠出入市井不禁，不親農業者不許。二十三年，令耆民衣制，袖長過手，復回不及肘三寸；庶人衣長去地五寸，袖長過手六寸，袖椿廣一尺，袖口五寸。二十五年，以

民間違禁，靴巧裁花樣，嵌以金線藍條，詔禮部嚴禁庶人不許穿靴，止許穿皮箚口翁，惟北地苦寒，許用牛皮直縫靴。正德元年，禁商販、僕役、倡優、下賤不許服用貂裘。」﹝註1﹞對違反規定的嚴懲不貸。到明代後期，隨著商品經濟發展，服飾發生了明顯的變化，從顏色上看，由簡單的雜色趨於華麗鮮豔；質地上，由布素變爲追求綾羅錦繡；樣式上，由官方固定的刻板樣式向新奇轉變。﹝註2﹞但以服飾區別身份，仍然是社會的主流價值，所以傳教士進入中國首先是面臨身份的認同問題。

羅明堅早於利瑪竇進入中國，在進入肇慶之前已經多次前往廣州，對中國社會有了初步的瞭解。1582 年底，羅明堅與巴範濟首次進入肇慶，就開始改穿僧服。羅明堅在 1583 年 2 月 12 日寄給澳門的信中說道：「兩天前我們去見他（按：廣州都司），他對我們很和氣，贈銀一兩作爲布施，我們談及服裝，他當即自己畫了個帽子，說道總督和所有的官員都希望我們穿北京『神父』的服裝……『這種神父是很受尊敬的』。這就是叫我們同化爲中國僧侶（或稱和尚）。」隨後，他們讓人將頭和臉剃得精光，穿上得體的袈裟。﹝註3﹞在同期寄給總會長阿奎維瓦的信中也表示：「他（兩廣總督陳瑞）願我們穿中國和尚的服裝，這與我們神職的衣冠略有分別，如今我們正在做僧衣，不久我們將化爲中國人——以便爲基督能賺得中國人。」﹝註4﹞可見，羅明堅穿僧服是在得到上司的批覆之前，可謂先斬後奏。從羅明堅的解釋可見改穿僧服似乎是中國官員的意思，羅明堅向歐洲和澳門的上司請示，以便爲私自作出決定的行爲開脫。據當時背景來分析，羅明堅是堅決推行范禮安的政策的，而范禮安對澳門耶穌會士的指示就是順應中國風俗習慣，但在澳門這是有巨大阻力的，尤其是當時澳門神學院院長卡佈雷爾神父兼任中國傳教團的長上，無論他在日本還是在澳門期間，堅決反對耶穌會士背離清貧的會規，改穿華麗的本土服裝。羅明堅寄給澳門的信是爲自己辯護，而給總會長寄信則是尋求政策支持。改換僧服對澳門反對者來說也是可以接受的，因爲佛教和天主教有著表面上的相似性，兩者都是甘於貧困，不結婚一心向道者。但另一方面，如果果眞是中國官員的暗示，那麼羅明堅的換服行爲與其說是主動順應中國

﹝註1﹞ 張廷玉：《明史》卷六十七：輿服三，北京：中華書局，1974 年，第 1650 頁。
﹝註2﹞ 錢杭：《十七世紀江南社會生活》，杭州：浙江人民出版社，1996 年。
﹝註3﹞ 【法】裴化行：《利瑪竇神父傳》，管震湖譯，北京：商務印書館，1993 年，第 82 頁。
﹝註4﹞ 利瑪竇：《利瑪竇書信集》，羅漁譯，臺北：光啓出版社，1986 年，第 451 頁。

風俗，不如說是對中國傳教的現實壓力所致。「一則官府誤以爲來自天竺的番
僧，遂賜以中國和尚服；再則因人地生疏，勢單力薄，傳教士亦有依傍佛教
在中國的根基，以培植基督教勢力的意圖。」〔註5〕但我們也應看到，若進入
肇慶之初就穿儒服，一來，羅明堅等人漢語水準有限，加上對中國儒家經典
並不熟悉，有名不符實之嫌；二來羅明堅來自西方，按中國華夷之辨觀念，
作爲「夷人」也是不能穿標誌著中華文明服飾的，有僭越之嫌。所以傳教士
起初改換僧服是內外各方面壓力導致的妥協策略，但也引發了服飾意義的所
指模糊。正如蕭若瑟所言：「（肇慶地方官）以爲西士棄俗修道，絕色不婚，
是與桑門釋子無異，命居肇慶府東天寧寺中；時神父剪髮禿首，披袈裟以示
棄俗之意頗類僧人，故時人稱神父爲西僧或番僧。」〔註6〕

　　羅明堅和巴範濟在肇慶首次改穿僧服的消息傳到了澳門，利瑪竇表示贊
成和理解，在讀到羅明堅來信時，認爲僧服是廣東地方官「所能恩賜的最體
面的服飾」。〔註7〕1583年9月10日，利瑪竇也身穿僧服抵達肇慶，有記載說：
「利瑪竇初至廣，下舶，髡首袒肩，人以爲西僧，引至佛寺。」〔註8〕王泮熱
情接待了羅明堅和利瑪竇，當問到來華目的時，二人回答頗有意味：「我們是
一個宗教團體的成員崇拜天主爲唯一的眞神。我們來自西方世界的盡頭，走
了三四年的時間才抵達中國，我們爲它的盛名和光輝所吸引。」〔註9〕在此，
不僅表明和佛教的不同，更表示出他們對中華文化的仰慕，進而達到居留肇
慶的目的。王泮顯然將利瑪竇當作番僧來對待的，意欲在崇禧塔附近建寺廟
讓「番僧」做主持。利瑪竇則解釋自己只信仰天主不拜偶像，這使王泮很困
惑，但商量後仍決定：「那沒有什麼不同。我們修廟，他們可以把他們喜愛的
神供進去。」〔註10〕並讓他們居留建教堂。建成之後王泮贈送了含有佛教意
味的匾額——「仙花寺」和「西來淨土」。「仙花」是對神父們供奉的聖母瑪
利亞的別稱，「寺」是沿用對佛教場所的習慣稱呼，可見王泮誤以爲羅明堅和

〔註5〕沈定平：《明清之際中西文化交流史》，北京：商務印書館，2007年，第277頁。
〔註6〕蕭若瑟：《天主教傳行中國考》，上海：上海書店，1989年，第111頁。
〔註7〕利瑪竇：《利瑪竇書信集》，羅漁譯，臺北：光啓出版社，1986年，第40頁。
〔註8〕張爾岐：《蒿庵閒話》，濟南：齊魯書社，1991年，第299頁。
〔註9〕利瑪竇、金尼閣：《利瑪竇中國札記》，何高濟、王遵仲、李申譯，北京：中華書局，1983年，第160頁。
〔註10〕利瑪竇、金尼閣：《利瑪竇中國札記》，何高濟、王遵仲、李申譯，北京：中華書局，1983年，第164頁。

利瑪竇是佛教的支派,由此神父們利用番僧意指的含混性獲得准許居留權。
而利瑪竇很快發現供奉聖母像在當地引起的誤解,遂改換成救世主基督的畫
像。但「爲了使一種新宗教的出現在中國人中間不致引起懷疑」,〔註11〕利瑪
竇對傳佈天主教一事守口如瓶,因《大明會典》有明確禁令:「凡師巫假降邪
神,書符兄水,扶鸞禱聖,自號端公,太保,師婆,及妄言彌勒佛,白蓮社、
明尊教‧白雲宗等會,一應左道亂正之術,或隱藏圖像‧燒香聚眾,夜聚曉
散,佯作善事,煽惑人心,爲首者絞,爲從者各仗一百,流三千里。」〔註12〕
故利瑪竇並不公開談論天主教,代之以身體力行,豎立良好的「西僧」形象。

利瑪竇等傳教士不僅改換僧服,更是借佛教語言著書立說,比如羅明堅
教理書初版命名爲《新編天竺國天主實錄》,署名是「天竺國僧輯」。〔註13〕
孟三德更是用佛教語言翻譯天主教經文:

> 主瞻部州,經歷七趣,然後墮入地獄,人中無脫援生,而決臨
> 下,貧窘拯非。而天子衍汝,跨高降凡,怖化日甚,惶怖速往帝釋
> 天所。稽首頂足悲啼雨淚,具白前惟溺,天主奈之何?爾時天主聞
> 此諸超,極生驚怪作如是念。何爲七趣?默然思惟,以天觀見豬犬‧
> 野猿、鳥、鵲、龍、蛇,於所趣皆食不淨,爾時天主見斯事如予刺
> 心,憂愁不樂。念誰能救是所故投?復作是念,惟有如來應等覺,
> 是而歸趣。爾時帝釋至於曉,持眾香花種飲食,往世尊所顯面禮,
> 旋繞七匝慕敬洪養。進坐一面於世尊,見白善往七趣之事,惟願世
> 尊哀愍救撥,說此語己爾時從頂上放大光明照十方界遠。復口中見
> 微笑,相告帝釋言天主,當知有一總持名曰佛頂尊蹤,一能舉一切
> 如來,會受灌頂;能言識一切有幻成清淨,除歸於令趣所生之處;
> 所憶富命,若誦一遍,設壽盡者現護廷壽,一切地域鐵定芪生,獄
> 主世界悉杳成空;能開一切佛國天界之門,隨願往生。帝釋天主復
> 白佛言,悖贖世尊法誠總持章非時,世尊受天主請說此陀羅呢。
>
> 總持
>
> 總持

〔註11〕利瑪竇、金尼閣:《利瑪竇中國札記》,何高濟、王遵仲、李申譯,北京:中
　　　　華書局,1983年,第167~169頁。

〔註12〕申時行:《大明會典》,北京:中華書局,1989年,第484頁。

〔註13〕方豪:《中國天主教史人物傳》,北京:中華書局,1988年,第68頁。

　　　　總持五百八十八春。〔註14〕

從語言學角度看，這篇文言文大量使用了「地獄」、「灌頂」、「佛國天界」等佛教術語，並以「頂上放大光明照十方界遠」、「復口中見微笑」的「如來」作比「天主」。這在《新編天竺國天主實錄》中也隨處可見，方豪先生認為，「僧」字是萬曆十一年羅明堅和巴範濟在肇慶時創用，並且初期傳教士使用「僧」字，並無依附教義之義，但並不排斥佛教。〔註15〕但借佛教術語確認身份的確是無可否認的，並取得了一定成效，「許多人也開始獻香以供薰香祭壇，向神父們布施，供給食物和燈油，燈油是為在祭壇前點燈用的」。〔註16〕起初利瑪竇等人並沒有認識到西僧形象同樣是把雙刃劍，為日後的傳教發展帶來了嚴重阻礙。畢竟無論在歐洲還是東方的印度乃至東南亞各地，僧侶即是宗教職業者，同時又有崇高的社會地位，但在中國，僧人的處境頗為尷尬。大部份僧人出身低微，成分複雜，沙門風紀也日趨敗壞。到明後期，官府也放鬆了對僧道的管理，世間違法犯紀、衣食無著的人競相投靠沙門，「或為打劫事露而為僧者；或為牢獄逃脫而為僧者：或悖逆父母而為僧者；或妻子鬥氣而為僧者……以至奸盜詐偽，技藝百工，皆有僧在焉。」〔註17〕由此僧人的名聲普遍不佳，「有的和尚過著放蕩的生活，有很多子女，還有許多和尚攔路搶劫，使得行旅不安」。〔註18〕即使當時高僧也難以免俗，結交權貴，時常捲入政治漩渦。

　　隨著對中國社會的認識不斷加深，利瑪竇逐漸認識到西僧形象的不利影響。在1584年的一封信中，利瑪竇描述說僧人裝束引起了當地人的不敬：「羅明堅神父和我來到肇慶（從澳門來此），有五六天路程·這座中國內地城市沒有一個人是我們認識的，不說是我們意大利人，甚至從葡萄牙或印度來的也沒有。這裡的人從未見過洋人，把我們當作笑料或者稀罕。我們只要在街上走一走，尤其是在距離我們居住的這座城市很遠的其它城市，必須急速跑過

〔註14〕 張西平：《中國與歐洲早期宗教和哲學交流史》，北京：東方出版社，2001年，第153～155頁。國家圖書館將之標注為利瑪竇的著作，但張西平考證認為孟三德的可能性更大。

〔註15〕 方豪：《中西交通史》，上海：上海人民出版社，2008年，第993頁。

〔註16〕 利瑪竇、金尼閣：《利瑪竇札記》，何高濟、王遵仲、李申譯，北京：中華書局，1983年，第668頁。

〔註17〕 郭明：《明清佛教》，福州：福建人民出版社，1982年，第40頁。

〔註18〕 利瑪竇、金尼閣：《利瑪竇中國札記》，何高濟、王遵仲、李申譯，北京：中華書局，1983年，第237頁。

去……人們給我們取了無數的綽號，其中最常用的要算『洋鬼子』。」〔註19〕可以想見，利瑪竇身著僧服讓當地百姓誤認為他們與和尚是一路的。在後來的事件中利瑪竇更是認清了僧人的地位，1586 年 10 月 29 日在寫給昔日羅馬公學院長馬賽利神父時說道：「僧人在這個國家不受重視，所以儘管我們盡可能受到禮貌對待，至今仍然被眾人嗤之以鼻，我們受到的辱罵簡直無法形諸文字，也不便在信中告知。耶誕節那天或聖誕夜（1585 年 12 月 24～25 日），制臺的主簿派人來抓走了我們寓所的一名通事，指控他偷走了三名家奴，把他們販賣到居住在距此西五天路程的澳門的葡萄牙人那裏，我們的節日前夕竟是這樣，而且整夜都成了我們的夜課，一直提心弔膽，只好祈求上帝保佑·到了早晨，我把那另一位神父留下來，同來過節的教徒們在一起，我自己則前往知府衙門向他抗辯這種誣陷罪名。」〔註20〕

　　鑒於此，肇慶知府鄭一麟曾經指出，神父為避免中國人猜忌，應該「穿中國式的長袍，頭戴方帽」。〔註21〕但利瑪竇等人並沒有在意，原因是多方面的。其一，當時並沒有迹象表明范禮安等耶穌會長上有改換服飾的念頭，而耶穌會也是以組織的嚴密性和下級對上級的絕對服從著成，在沒有上級的指示之前利瑪竇即使有此念頭也是難以實施的；其二，假如利瑪竇拋卻僧服，改換有地位的儒服，這對當時儒家經典造詣不高的利瑪竇而言，是困難的，所以在肇慶後期尤其是韶州期間才注重對儒家經典的研究。其三，也是最現實的是，當時在內地，利瑪竇只是作為羅明堅的隨從進入內地的，主要傳教活動和辦法是由羅明堅主導的，而實際上羅明堅對僧服是有偏愛的，尤其是在浙西之行之後更是如此。史若瑟先生評價說：「他的紹興之行僅僅證明了中國耶穌會傳教團的不穩定局面，而羅明堅卻從中吸取了教訓。與利瑪竇一樣，羅明堅也由於和當地僧侶的結合而受到過屈辱。紹興之行使他看到了事情的另一方面。僧侶們的地位儘管低下，但他們的情況卻使傳教士獲得了實際的好處。他們使傳教士們更能接觸到大多數的中古民眾，並把他們置於可以直接就宗教題目進行對話的地位。根據這樣一種經驗，羅明堅就對歸化中國的問題形成了一種確切的觀念，稍後不久他又在一篇名為《關於援助中國人的

〔註19〕巴爾圖里：《耶穌會的人和事──歷史記述》（都靈，1847），轉引自裝化行：《利瑪竇神父傳》，管震湖譯，北京：商務印書館，1993 年，第 271 頁。
〔註20〕利瑪竇：《利瑪竇書信集》，羅漁譯，臺北：光啟出版社，1986 年，第 110 頁。
〔註21〕利瑪竇：《利瑪竇書信集》，羅漁譯，臺北：光啟出版社，1986 年，第 471 頁。

方式的若干意見》的文章中加以闡述。根據他的意見，採用僧侶們的生活方式乃是支持中國傳教團事業的一種恰當的措施。」〔註 22〕鑒於此，利瑪竇也是難以馬上改換服飾的。所以利瑪竇一方面加強對儒家經典的研究，一方面在僧服的限制下，謹慎同中國社會交往，以消除中國人的疑心。范禮安這樣描述利瑪竇在肇慶的情景：「一，在官員面前他絕對不許坐下，整個晉見時間他必須跪著；二，他被懷疑為澳門葡萄牙人派來的奸細；三，他們的寓所被看作和尚廟，人人都可以隨便進去，官吏可以在裏面設宴款待不受歡迎的賓客，時間長達四五個小時。」可見身著僧服的傳教士被認為身份低下的，但在沒有更好的替換方案之前，必須忍受這份折磨。〔註 23〕

　　隨著羅明堅的返回羅馬，利瑪竇被新任總督改在韶州傳教，利瑪竇漸漸主導中國傳教團的傳教政策，開始有意識地與僧人形象劃清界限，這在南華寺之行後更為明顯。南華寺作為佛教禪宗六祖慧能的禪壇，歷來享有盛名，因位於曹溪，故也被稱為曹溪禪。利瑪竇到達南華寺，當地僧人是把他們作為天竺來的「西僧」熱情接待的，加之有總督之命，更不敢怠慢。「抵南華，方丈出迎，導入客房，備齋飯·寒喧畢，方文盛讚西僧大德，今承總督遣來，願以全寺相獻，希望能整頓清規，重興禪林·利瑪竇謙讓不已，答以為遠客，暫借禪房。劉節齋曾以利瑪竇自稱西僧，當然係佛門弟子，南華寺便可棲身·南華寺僧人得到總督文書，想是遣派夭竺僧人來寺住持，作為本寺長老。見面相談之後，方丈聽到利瑪竇自稱僅來作客，心中安定。後來引導利麥（按：麥指麥安東修士）兩人，參觀寺院，見兩人每過佛堂，並不頂禮膜拜，心以為異。」〔註 24〕而利瑪竇見到兵備道，說明不願留居南華寺，原因在於：第一，離城太遠，距離知識階層和官員們太遠，而他們習慣在他們這些人中生活；第二，寺內的和尚聲名狼藉，跟他們住在一起不安全，更何況自己的教規和典籍也和僧侶們不同。〔註 25〕可見，利瑪竇已經開始攤明自己的立場，有意識疏遠僧人親近士人。

〔註22〕【法】史若瑟：《利瑪竇中國札記》1978 年法文版序言，載利瑪竇、金尼閣：《利瑪竇中國札記》，何高濟、王遵仲、李申譯，北京：中華書局，1983 年，第 677～678 頁。

〔註23〕【法】裴化行：《利瑪竇神父傳》，管震湖譯，北京：商務印書館，1993 年，第 121 頁。

〔註24〕羅光：《利瑪竇傳》，臺北：學生書局，1979 年，第 60 頁。

〔註25〕利瑪竇、金尼閣：《利瑪竇中國札記》，何高濟、王遵仲、李申譯，北京：中華書局，1983 年，第 239 頁。

在與瞿太素的交往中利瑪竇更是認識到士大夫階層的優越性，遂成爲利瑪竇改換儒服的重要因素。瞿太素早在利瑪竇路過南華寺時，就已經向利瑪竇提出要他改穿儒服的建議，「姑蘇瞿太素，太宗伯文懿公之長子也。適過曹溪，聞利子名，因訪焉。談論間，深相契合，遂願從遊，勸利子服儒服」。〔註26〕但利瑪竇並沒有馬上採納，而是採取謹慎的做法，先努力學習漢語，研究儒家典籍，廣泛結交士大夫，以塑造自己的學者形象。

而最終促使利瑪竇徹底轉變的是現實的傳教壓力所致。利瑪竇抵達韶州，受當地胥吏鼓動，在光孝寺旁邊建築教堂，這遭到光孝寺和尚的反對，「他們不願意讓傳播不同教義的外國人住的離他們那麼近」，並和胥吏商議索取更高的價錢。經利瑪竇反覆交涉，才以合理的價格購得土地的所有權，而官方也認爲和尚索價太高，致使和尚並沒有得到任何好處。〔註27〕由此，光孝寺的和尚出於信仰與利益的爭執，對利瑪竇等傳教士沒有好感，並經常夥同地方士紳反對利瑪竇等人。1591年春節，神父們在祭壇上展示了一幅珍藏的聖母、耶穌和約翰的畫像，這在當地民眾中引起不滿，教堂連續遭到石塊的攻擊，經瞿太素和官方交涉，最後官方頒布告示警告膽敢再犯必施以重罰。但次年，形勢急轉直下，原因在於天主教徒經常焚燒光孝寺的塑像，儘管遭到利瑪竇的制止，但教徒出於信仰的狂熱仍然屢禁不止，這激起佛教信徒和當地人的不滿，雙方衝突不斷。鑒於此，1592年春節瞿太素邀請利瑪竇赴南雄做客，再次提出著儒服建議：「先生潔身修行，昭事天地眞主，與僧道之寵奉土木偶像者，相去天淵矣。然則何不服儒士衣冠，而雉髮剪鬚，若僧徒也」。〔註28〕這使利瑪竇爲之心動，而之後的「強盜事件」更使利瑪竇加快了改變政策的步伐。7月的某天晚上，本地人裝扮成強盜襲擊了韶州教堂，利瑪竇腳踝受傷，最後發展到民眾聚眾鬧事，聲稱要將傳教士趕出去。而官方在處理過程中也是模棱兩可，結果致使該事件拖延一年以上才告終結。

這種現實的壓力使得利瑪竇認識到僧人的負面形象對傳教活動的巨大障礙，更加堅定了他對羅明堅以來的做法進行徹底的改變。1592年11月，利瑪竇在寄給總會長的信中委婉地表達了此種意願：「地方官吏非常抬舉我們，不

〔註26〕艾儒略：《大西西泰利先生行跡》，陳垣校勘，民國八年（1919）鉛印本。

〔註27〕利瑪竇、金尼閣：《利瑪竇中國札記》，何高濟、王遵仲、李申譯，北京：中華書局，1983年，第243～244頁。

〔註28〕蕭若瑟：《天主教傳行中國考》，上海書店，1989年，第116頁。

讓我們步行，而用轎子抬著走……這種榮譽對我們十分重要，否則在教外人
中傳教便是無效力了。洋人、和尚和道士在中國並不受尊重，所以我們不能
以和尚、道士之流出現。」〔註29〕儘管利瑪竇話語間閃爍其詞，但仔細玩味，
意思還是很明確的，只是並沒有和盤托出，試圖對長上的意見進行試探。而
到年底，受范禮安之邀，利瑪竇赴澳門治療腳踝，利瑪竇面對自己私交頗厚
的范禮安，並沒有隱瞞其想法。「利瑪竇認為如果他們留鬍子並蓄長髮，那是
會對基督教有好處的，那樣他們就不會被誤認作偶像崇拜者，或者更稽的是，
被誤認為是向偶像奉獻祭品的和尚……他還說，經驗告訴他，神父們應該像
高度有教養的中國人那樣裝束打扮，他們都應該有一件在拜訪官員時穿的綢
袍，在中國人看來，沒有它，一個人就不配和官員，甚至和一個有教養的階
層的入平起平坐。」對此，范禮安自然心領神會，「認為這些請求是非常合理
的，所以一一予以批准，並且親自負責把每項請求都詳細報告給羅馬的耶穌
會總會長神父」。〔註30〕范禮安在 1593 年 2 月的日記中寫道：「他（利瑪竇）
是一個很聰明的人，能明斷是非，處事謹慎，受過良好的教育，品德高尚，
工作努力，我主觀地用他，並可對他地未來寄予希望並委以重任。」〔註 31〕
可見，范禮安基本上同意了利瑪竇的意見，並寄予殷切期望。在回到韶州之
後，利瑪竇一邊等待總會長的批覆，一面結交士大夫階層，積極向儒者身份
靠攏。

　　從利瑪竇早期對佛教的態度和轉變來看，排佛是有著傳教策略方面的考
慮，但也不盡然，利瑪竇為避免身份的模糊才是主要的，以避免淪為「西僧」
的附屬身份。此外，耶穌會本身在西方的上層地位，和佛教在中國的附屬地
位形成了極大反差，也是影響利瑪竇態度的重要因素，儘管西方正處於早期
近代社會變革的前夜，但教士階層仍是處於社會上層，尤其耶穌會士出入宮
廷，對西歐各國政治產生了重要影響，這在利瑪竇的潛意識中，也促使他積
極尋求文化融入的同時，通過更有效的文化互動，躋身中國上流階層。利瑪
竇通過對明代社會結構的深入體察，敏銳地意識到士人在權力場域中處於核
心地位，而佛教儘管是傳統文化的重要組成部份，但在政治權力支配下的文

〔註29〕利瑪竇：《利瑪竇書信集》，羅漁譯，臺北：光啓出版社，1986 年，第 124 頁。
〔註30〕利瑪竇、金尼閣：《利瑪竇中國札記》，何高濟、王遵仲、李申譯，北京：中
　　　　華書局，1983 年，第 276 頁。
〔註31〕羅光：《利瑪竇傳》，臺北：學生書局，1979 年，第 76 頁。

化格局中，只能依附於儒家，在士人生活中僅僅起到「治心」的作用，而這對於已經具備治心與治世雙重品格的耶穌會士，也是難以局限於和佛教結合的。可見，異質性文化交往也體現著文化權力的博弈。

第二節　有無之辯

由於宗教文化的神聖性，尤其是耶釋雙方均作爲創生性宗教文化，在發展過程中都體現出對形而上層面的建構，儘管天主教和佛教有著表面的相似性，但根本仍是處於對立的。而佛教形而上又對中國文化產生了重要影響，尤其是刺激了宋明理學宇宙觀、本體論的形成。如何處理雙方關係不僅僅是耶釋之間的問題，更會觸及對中國文化的態度。

一、性空說之辯

「空」在佛教教義中佔有核心的地位，由於深受大乘佛教影響，中國佛教也大體沿著這一思路展開。利瑪竇等傳教士來到中國，由廣東一路北上，直到進京成功傳教，所接觸到的僧人基本是禪宗、天台宗、淨土宗等佛教人士，而這些中國佛教派別大體以「空論」爲宗旨。以最有中國特色的禪宗爲例，即深受大乘般若思想的影響，崇尚「無相」、「無念」、「無住」，只是「思想觀念更傾向於中觀派的『性空假有』和『實相涅槃』理論」〔註32〕，但也大體是在「空論」的基礎上闡發的。但佛教的「空」並不是相對於物質實體的「有」而言的，而是主要指「空性」。空性是指「佛所說的一切說法即一切現象都沒有實在的自性，也就是既無主宰者，也無實體性，現象當體即空」〔註33〕。故在佛教看來，空並不意味著絕對的虛無，而是離不開「有」，「諸法雖然自性空，但是由因緣條件產生的非實在的現象即『假有』是存在的。性空與假有不能分離，兩者是諸法的一體兩面」。〔註34〕所以在宇宙本體論上佛教主張緣起，不存在獨自本有的實體。

而天主教相信天主存在的實有，是宇宙萬物的來源，由於深受古希臘哲學影響，更是對此觀念加以強化。當利瑪竇等來到東方，對佛教的空性說表

〔註32〕 姚衛群：《佛教般若思想發展源流》，北京大學出版社，1996 年，第 343 頁。
〔註33〕 方立天：《佛教哲學》，北京：中國人民大學出版社，2006 年，第 338 頁。
〔註34〕 方立天：《佛教哲學》，北京：中國人民大學出版社，2006 年，第 339 頁。

示出理解上的隔膜，並將之作了西方二元論思維的處理，即空意味著絕對的「無」。利瑪竇在評價中國三教時說：「二氏之謂，曰無曰空，於天主理大相剌謬，其不可崇尚明矣。夫儒之謂，曰有曰誠，雖未盡聞其釋，固庶幾乎？」〔註 35〕可見利瑪竇站在天主教立場來判斷中國儒釋道三教的是非問題，對有違於天主教天主論的釋道一併排斥，而對有嫁接意義的儒家表示了一定的寬容，但也留有補儒和超儒的空間。對此，利瑪竇在以理批駁佛教虛妄的同時，表達了天主教是唯一可信的宗教，顯示了對中國三教的超越意味：

> 恨之不如辯之以言，辯之不如析之以理。二氏之徒，並天主大父所生，則吾弟兄矣。譬吾弟病狂，顛倒怪誕吾爲兄之道，恤乎？恨乎？在以理喻之而已。
>
> 余嘗博覽儒書，往往憾嫉二氏，夷狄排之，謂斥異端，而不見揭一鉅理以非之。我以彼爲非，彼亦以我爲非，紛紛爲訟，兩不相信，千五百餘年不能合一。使互相執理以論辯，則不言而是非審，三家歸一耳。西鄉有諺曰：「堅繩可繫牛角，理語能服人心。」敝國之鄰方，上古不止三教，累累數千百枝，後爲我儒以正理辯喻，以善行嘿化，今惟天主一教是從。〔註 36〕

由此，天主教爲唯一正道，自然就把中國三教排斥在外。但是在中國士人看來，儘管佛教有其虛妄之處，但是也並不能一概而論，在宇宙論上尚有可取之處，即性空與實有不可分離，「然佛老之說持之有故，凡物先空後實，先無後有，故以空無爲物之原，似也」。而利瑪竇對此話語所隱含的佛理顯然並不清楚，而是以西方經院哲學對此進行了批判：

> 上達以下學爲基，天下以實有爲貴，以虛無爲賤，若謂萬物之原貴莫尚焉，奚可以虛無之賤當之乎？況己之所無，不得施之於物以爲有，此理明也。今曰空曰無者，絕無所有於己者也，則胡能施有性形以爲物體哉？物必誠有，方謂之有物焉；無誠則爲無物。設其本原無實無有，則是並其所出物者，無之也。世人雖聖神，不得以無物爲有；則彼無者、空者，亦安能以其空無爲萬物有、爲萬物

〔註 35〕利瑪竇：《天主實義》，朱維錚主編：《利瑪竇中文著譯集》，上海：復旦大學出版社，2007 年，第 15 頁。

〔註 36〕利瑪竇：《天主實義》，朱維錚主編：《利瑪竇中文著譯集》，上海：復旦大學出版社，2007 年，第 16 頁。

實哉？試以物之所以然觀之，既謂之空無，則不能爲物之作者、模
者、質者、爲者，此於物尚有何著歟？〔註37〕

在此，利瑪竇以貴賤之別和四因說理論對佛教的空性做了批判，在利瑪竇看來，空無觀念顯然是當作佛教的本體論來理解的。而利瑪竇忽視了佛教性空觀在價值論上的積極意義，「佛教的空性說是爲眾生提供一種通過對共同的實相認識以瞭解事物對人生的意義的學說，它強調在因緣和合的無常的現象上去苦心尋求主觀客觀的恒常自在的實體是不可能的，因爲這種實體並不存在。眾生若要尋求和執著性空爲實有，必定會帶來無窮的迷惑、煩惱和痛苦。佛教要求眾生空卻對實體的執著，體認空性，歸於寂靜，獲得解脫，求得自在，以達到人生理想的終極歸宿」。〔註38〕而這是利瑪竇借用天主教的貴賤之論所無法涵蓋的。

利瑪竇站在宇宙本體論的角度對佛教的空無觀進行了深入批判，其焦點不僅僅在於本原問題，更在宇宙發生論上表現了兩者的差異。針對佛教的「先無而後有」的說法，利瑪竇進行了駁斥：

有始之物，曰先無而後有，可也；無始之物，非所論矣。無始
者，無時不有。何時先無焉？特分而言之，謂每物先無後有，可耳；
若總而言之，則否也。譬如某人未生之先，果無某人，既生而後有
也；然未生某人之先，卻有某人之親以生之。天下之物，莫不皆然。
至其渾無一物之初，是必有天主開其原也。〔註39〕

在此，利瑪竇認爲若僅僅用「先無而後有」來表述有限的具體事物時，是恰當的，但若從宇宙萬物的總體而言，則必有一個最終的創造者，即天主。在這裡，利瑪竇借用天主創世觀念反駁佛教的宇宙發生論，對佛教的性空說的前提緣起論沒有深入的理解，難免產生誤讀。對此，中國士人將佛教性空說的要義做了解讀，指出利瑪竇的誤讀之處：

人人有是非之心，不通此理，如失本心，寧聽其餘誕哉？借如
空無者，非人、非神、無心性、無知覺、無靈才、無仁義、無一善
足嘉，即草芥至卑之物猶不可比，而謂之萬物之根本，其義誠悖。

〔註37〕利瑪竇：《天主實義》，朱維錚主編：《利瑪竇中文著譯集》，上海：復旦大學
出版社，2007年，第16頁。

〔註38〕方立天：《佛教哲學》，北京：中國人民大學出版社，2006年，第339頁。

〔註39〕利瑪竇：《天主實義》，朱維錚主編：《利瑪竇中文著譯集》，上海：復旦大學
出版社，2007年，第16～17頁。

> 但吾聞空無者，非眞空無之謂，乃神之無形、無聲者耳，則於天主
> 何異焉？〔註40〕

由此可見，佛教的空並非眞空，而是一種超現象的存在，即神性。在中士看來，在超現象存在意義上，無形的天主不也一樣具有神性嗎？但在利瑪竇眼中，兩者的神性是有差異的，天主教的神是典型的一神論，儘管天主無形無聲，但卻是絕對的實有，並且有著創生的意義。而相比之下，佛教的神具有多神的格局，且在等級上低於佛陀，並且沒有宇宙創生論的意義：

> 夫神之有性有才有德，較吾有形之匯益精益高，其理益定，何
> 得特因無此形，隨謂之「無」且「虛」乎？五常之德，無形無聲，
> 孰謂之無哉？無形者之於無也，隔天壤矣。以此爲教，非惟不能昭
> 世，愈滋惑矣。〔註41〕

在此，利瑪竇對「空」做了自己的詮釋，即惟有性、才、德兼備的事物，才更加高級，天主教的天主是無形無聲的，是天主實有的否定形式，與佛教的空無觀念是不可同日而語的。由此，利瑪竇站在補儒易佛的立場對佛教性空的基本教義進行了全面的排斥，而沒有看到佛教性空觀念的眞實涵義。對此，利瑪竇是有著誤解的，羅光先生對此有著中肯的批評：

> 按哲學常理說，無不能生有，普通我們說一件東西先沒有，後
> 來有了；若是先已經有了，便不再有了，只能變爲無；所以是由空
> 無而生有，由有而生無。然而這種說法，是假設在東西以外有一動
> 因，可以使沒有的東西而成爲有。假使整個宇宙的根源爲空無，怎
> 麼可以生有呢？老子所說的無，本不是無，而是絕對的有。佛教所
> 說的空無，並不是由無生有，而是以一切的有爲無，有乃是人的愚
> 昧所生幻覺，利氏沒有注意到這一點，只由普通的空無的觀念去辯
> 駁。〔註42〕

而導致利瑪竇對佛教解讀的誤判根本在於天主教教義和佛學學理上的差異，對此柯毅霖先生有著深刻的理解：

〔註40〕利瑪竇：《天主實義》，朱維錚主編：《利瑪竇中文著譯集》，上海：復旦大學
出版社，2007年，第17頁。

〔註41〕利瑪竇：《天主實義》，朱維錚主編：《利瑪竇中文著譯集》，上海：復旦大學
出版社，2007年，第17頁。

〔註42〕羅光：《利瑪竇與佛學》，載《神學論集》（56），臺北：輔仁大學出版社，1983
年，第234頁。

　　　　利瑪竇的哲學肯定是現實主義的，他認為佛教的「空」是真空。
拒絕承認每一個人的生存有一個開端，就是拒絕接受創造主和人類
之間的區別。佛教徒和基督徒可以一起談論死亡、生命、地獄、善
惡之德，但這些觀念背後的現實，即靈魂的起源、人性、人類與絕
對者以及自由之間的關係則完全對立。這確實是兩種不同思想之間
的對抗。利瑪竇越是努力去理解佛教的原則，他就越強烈地堅持其
信念和對手之間的根本差別。他完全明白，他沒有理由為兩個宗教
之間任何表面的或深沉的相似性而高興。〔註43〕
但我們不能因為耶釋之間在學理體系上存在不可調和性，就放棄雙方對話的
努力，問題的關鍵在於能否擺脫自身歷史、語言的局限，打破非此即彼的思
維定勢，承認他者文化也存在一定合理性，也具有真理的一個向度，走向圓
融無執的多元狀態。

二、佛教心本原說之辯

　　心本原說可以說是中國佛教宇宙本體論的最高形態，在中國佛教觀念體系
中佔據重要地位，而利瑪竇等傳教士對這一帶有根本性問題的反應也是十分強
烈的。早在南京時，利瑪竇就和當時佛教著名領袖三淮黃洪恩進行了一場辯
論，此次辯論涉及諸多問題，顯示出雙方的根本差異，諸如宇宙論、人生論以
及認識論等，而最有特色的在於雙方圍繞佛教心本原說進行的批判與辯護。在
《利瑪竇中國札記》中對該辯論過程作了詳細敘述，儘管該書是站在維護天主
教的立場所進行的回憶記錄，但仍然能窺見當時辯論的熱烈場面。〔註44〕
　　其中，三淮大師將心視作萬物的本原，世界萬物皆為心的展現。而利瑪
竇仍是站在西方理性的角度對佛教心本原說進行批判。正如利瑪竇對黃洪恩
所言：「我們的論證必須從理性出發，決不能靠引據權威。我們雙方的教義不
同，誰都不承認對方經典的有效性。既然我也能從我們的經典裏引證任意多
的例子，所以，我們的辯論現在要由我們雙方共同的理性來加以解決。」〔註

〔註43〕【意】柯毅霖：《晚明基督論》，王志成譯，成都：四川人民出版社，1999年，
　　　　第71～72頁。
〔註44〕利瑪竇、金尼閣：《利瑪竇中國札記》，何高濟、王遵仲、李申譯，北京：中
　　　　華書局，1983年，第365～366頁。
〔註45〕利瑪竇、金尼閣：《利瑪竇中國札記》，何高濟、王遵仲、李申譯，北京：中
　　　　華書局，1983年，第368頁。

45〕但從利瑪竇的辯論來看，其所言的理性論證更多的是借用經院哲學的論證方法，而這對堅持中觀論的佛教而言是相當陌生的。這在利瑪竇之後所出版的《天主實義》裏表現更為明顯。

在該書第四章利瑪竇對佛教心本原論進行了詳盡的理論批判。利瑪竇借中士之口將佛教心本原論進行了簡要表述，說明利瑪竇對佛教教義是有一定瞭解的，只是出於雙方教義體系的不同，對佛教理論的積極意義難以從整體上表示接受：

> 佛氏無遜於上帝也。其貴人身，尊人德，有可取也。上帝之德固厚，而吾人亦具有至德；上帝固具無量能，而吾人心亦能應萬事。試觀先聖調元開物，立教明倫，養民以耕鑿機杼，利民以舟車財貨，其肇基經世，垂萬世不易之鴻猷，而天下永賴以安，未聞蔑先聖而上帝自作自樹，以臻至治。由是論之，人之德能，雖上帝罔或逾焉。詎云創造天地獨天主能乎？世不達己心之妙，而曰心局身界之內；佛氏見其大，不肯自屈，則謂：「是身也，與天地萬物咸蘊乎心。」是心無遠不逮，無高不升，無廣不括，無細不入，無堅不度，故具識根者宜知：方寸間儼居天主。非天主，寧如是耶？〔註46〕

所以，若站在中國士人的立場，佛教教義並不比天主教遜色，因為佛教理論「貴人身，尊人德」，而其表現正在於心本原論。心作為本原能顯示萬物，萬物也因此蘊含在心體之中。而此心作為萬物的本原特徵在於「無遠不逮，無高不升，無廣不括，無細不入，無堅不度」，將心視為可與天主比肩的一個命題，這對天主的獨尊地位形成了嚴重的威脅。利瑪竇對此自然是有所察覺，並積極回應。

利瑪竇從天主創造論角度認為佛不過是天主所創造的，僅僅因為佛教微不足道的德行就將此心無端放大，有違於謙遜的道德戒律：「彼以眇眇躬受明於天主，偶蓄一材、飭一行，矜誇傲睨，肆然比附於天主之尊，是豈貴吾人身、尊吾人德？乃適以賤人喪德耳。」認為人應當效法聖人的作為，一心侍奉天主：「聖人崇謙讓。天主之弗讓，如遜人何哉？」〔註47〕

〔註46〕利瑪竇：《天主實義》，朱維錚主編：《利瑪竇中文著譯集》，上海：復旦大學出版社，2007年，第40頁。

〔註47〕利瑪竇：《天主實義》，朱維錚主編：《利瑪竇中文著譯集》，上海：復旦大學出版社，2007年，第40頁。

　　由此，利瑪竇提出要「德基於修身，成於事上帝」。故在天主本體論立場，佛教將心與天主視作一樣的本體是不恰當的，也是對天主一神地位的褻瀆與挑戰。進而利瑪竇對佛教的空性說進行了批判：

> 至於裁成庶物，蓋因天主已形之物而順材以成之，非先自無物而能創之也。如製器然，陶者以金，　者以木，然而金木之體先備也。無體而使之有體，人孰能之？人之成人，循其性而教之，非人本無性而能使之有性也。〔註48〕

此即是說，人不能像佛教教義那樣從無中創造萬物，也就更不能將萬物的本原視為心體。能做到無中創造萬物的只有無形無聲的天主，「若夫天主造物，則以無而為有，一令而萬象即出焉。故曰：無量能也，於人大殊矣」。由此人與萬物不過是天主的印跡，「且天主之造物也，如朱印之印楮帛，楮帛之印非可執之為印，斯乃印之跡耳。人物之理皆天主跡也。使欲當之原印而復以印諸物，不亦謬乎？」這樣，利瑪竇借天主本體論替代了佛教的心本原論，將佛教的宇宙本體論徹底予以否定。並在認識論角度對佛教心本原論進行駁斥，以揭示其虛妄：

> 智者之心含天地、具萬物，非真天地萬物之體也。惟仰觀俯察，鑒其形而達其理，求其本而遂其用耳，故目所未睹，則心不得有其像。若止水、若明鏡影諸萬物，乃謂明鏡、止水均有天地，即能造作之，豈可乎？必言顧行乃可信焉，天主萬物之原，能生萬物。若人即與之同，當亦能生之，然誰人能生一山一川於此乎？〔註49〕

利瑪竇借經院哲學對佛教心本原論進行了否定，這與對黃洪恩的反駁如出一轍，都是站在理性論證的角度批判的，以否定佛教的人心能包涵萬物的觀念。但是對佛教心本原論所具有的倫理價值的忽視，則使他喪失了與佛教進行融通的機會，而這是由利瑪竇的天主教根本立場決定的。

三、佛教萬物一體之辯

　　在對佛教性空說和心本原論進行批判的同時，利瑪竇對建立在兩者基礎

〔註48〕 利瑪竇：《天主實義》，朱維錚主編：《利瑪竇中文著譯集》，上海：復旦大學出版社，2007年，第40頁。

〔註49〕 利瑪竇：《天主實義》，朱維錚主編：《利瑪竇中文著譯集》，上海：復旦大學出版社，2007年，第42頁。

上的宇宙結構模式進行了駁斥。首先，表現在對佛教的萬物一體觀念上。利瑪竇對佛教萬物一體的否定是基於對儒家的萬物一體觀念進行批判，並且出於易佛補儒的考慮，認爲儒家萬物一體觀念正是受了佛教的影響：「世人不禁佛氏誑經，不覺染其毒語。周公仲尼之論、貴邦古經書，孰有狃後帝而與之一者？」〔註50〕並引經據典表示周公、孔子並沒有此種言論。而佛教以心性爲本體，即使小到昆蟲，也莫不如此，在此點上可以說，佛與昆蟲是沒有差別的，這對高高在上的天主而言是不可接受的。儘管如此，對受佛教影響頗深的中國士人而言，佛教學說自有其合理之處，並由心本原論引出對宇宙中「大我」與「小我」的觀念：

> 所云生天地之天主者，與存養萬物天上之天主者，佛氏所云「我」也。古與今，上與下，「我」無間焉，蓋全一體也。第緣四大沉淪昧晦，而情隨事移，「眞元」日鑿，「德機」日弛，而「吾」、天主並溺也；則吾之不能造養物，非本也，其流使然耳。夜光之珠，以蒙垢而損厥值，追究其初體，昉可爲知也。〔註51〕

其中的「我」是一個超時空、無分別的絕對的「我」，即爲「心性」，並且萬物均由「我」而出，只是由於四大沉淪，心性遭到遮蔽，有累於情事，導致心性的生養萬物的能力廢弛。這就使得「我」是不能生養萬物，原因並不在於心性本身不能生養萬物，而是由於我的心性遭到遮蔽，故不能生養萬物。在中國士人看來這與天主是有可比之處的，天主本身是能造化萬物，只是由於人類違背了天主的意志，犯下了原罪，導致天主的旨意不得彰顯。對於此種可資比較的話題，利瑪竇並沒有給予太多的注意，而是更多的看到了佛教的大我觀念對天主的比附，是對天主教教義的挑戰，這是由天主教一神教信仰的排他性所決定的。故利瑪竇對此種建立在心性論基礎上的大我觀念進行了反駁：

> 夫人德堅白，尚不以磨涅變其眞體；物用凝固，不以運動失其常度。至大無偶、至尊無上，乃以人生幻軀能累及而污惑之？是人斯勝天，欲斯勝理，神爲形之役，情爲性之根，於識本末者，宜不

〔註50〕利瑪竇：《天主實義》，朱維錚主編：《利瑪竇中文著譯集》，上海：復旦大學出版社，2007年，第40頁。

〔註51〕利瑪竇：《天主實義》，朱維錚主編：《利瑪竇中文著譯集》，上海：復旦大學出版社，2007年，第42頁。

> 喻而自解矣。且兩間之比，孰有逾於造物者，能囿之、陷之於四大
> 之中，以昧溺之乎？

利瑪竇認爲，人的德性是純潔的，尚不能因磨難而改變其本性，與此相較，事物的凝固特性，也不會因爲運動而改變其特質。既然心體本身是至尊至大的，又怎能被人的肉體的虛幻所牽累迷惑呢？所以利瑪竇認爲如果說心體能被人的形體所改變，則佛教的理論是本末倒置，即「神爲形之役，情爲性之根」。按照天主教教義，超時空的無限者是沒有什麼事物可以使它沉淪的，其本身就是一種超越形體的精神存在，不被任何事物所局限。故在利瑪竇看來，心體被四大所沉淪，是不能和天主相比，享有宇宙獨尊地位的。張曉林先生認爲，「利瑪竇基於邏輯的詰難似乎很有力，但是他在這裡混淆了佛教之法行的體與用。從體來說，法性可能被蒙蔽，但蒙蔽不能改變法性的體；從用來說，蒙蔽則可能妨礙法性的發用。」〔註52〕但利瑪竇的混淆是出於其天主教經院哲學的理論背景，以及對天主一神論的維護，其根本點不是在於如何去溝通天主教與佛教的相似之處，而是對天主宇宙獨尊地位的辯護，駁斥東方萬物一體的虛妄，藉此顯示出天主教教義的獨特價值。

由此，利瑪竇對中士所提出的天主與我是一體的觀點，更是進行了不遺餘力的批評：

> 夫天上之天主，於我既共一體，則二之澄澈、混淆無異焉。譬
> 如首上靈神於心內靈神同爲一體也，故適痛楚之遭、變故之值，首
> 之神混淆，心之神鈞混淆焉，必不得一亂一治之矣。今吾心之亂，
> 固不能混天上天主之永攸澄澈，彼永攸澄澈又不免我心之混淆，則
> 吾於天主非共爲一體，豈不驗乎？〔註53〕

在利瑪竇看來，如果天主和我是一體的，那麼二者的澄澈與混淆之間是難以區分的。就像靈神與人內心的靈神是一體的，若遭受痛苦和變故，則天上的靈神混淆，內心的靈神也會混淆，那麼天下治亂就難以平定。所以利瑪竇認爲人心的混淆是不能與天主的澄澈相比的，天主的永恆澄澈又免不了人心體的混淆，這就直接將心體的本原地位予以否定，進而論證天主與我是不能混爲一體的。從中可以看出利瑪竇對天主獨尊地位的維護是堅決的，這是由天

〔註52〕張曉林：《天主實義與中國學統》，上海：學林出版社，2005年，第206頁。
〔註53〕利瑪竇：《天主實義》，朱維錚主編：《利瑪竇中文著譯集》，上海：復旦大學出版社，2007年，第42頁。

主教教義所決定的，否則若在與佛教的表面相似之處尋求溝通之處，必然會導致中國士人難以辨認雙方的區別，以至於會危及天主教教義移植入中國社會的必要性。

其次在於利瑪竇對佛教宇宙構成論的批判，即「大千世界」觀念。在佛教中，宇宙的空間是無限的，是由無數個三千大千世界所構成的。基於這種觀念，在佛教徒眼中天主的獨尊地位是不能成立的，天主只不過是三千大千世界中的萬億主宰中的一個。明末佛教大師蓮池在對利瑪竇的批判中就詳細表達了這種觀念：

> 按經以證，彼所稱天主者，忉利天王，一四天下三十三天之主也。此一四天下，從一數之而至於千，名小千世界，則有千天主矣。又從一小千數之而復至於千，名中千世界，則有百萬天主矣。又從一中千數之，而復至於千，名大千世界，則有萬億天主矣。統此三千大千世界者，大梵天王是也。彼所稱最尊無上之天主，梵天視之，略似周天子視千八百諸侯也。彼所知者萬億天主中之一耳。〔註54〕

蓮池大師對利瑪竇不讀佛經而妄言佛教教義進行了批評，無獨有偶，同一時期的虞淳熙也對利瑪竇進行了類似的批評：「敢請遍閱今上所頒佛藏，角其同異，摘其瑕釁更出一書，懸之國門，俾左袒瞿曇者，恣所彈射。萬一鵠無飲羽，人徒空服，斯非千古一快事哉？見不出此？僅出謏聞，資彼匿笑，一何為計之疏也」，並為利瑪竇詳細開列佛教基本書籍進行研讀。〔註55〕在蓮池大師看來，並沒有對天主進行徹底的否定，而是認為天主不過是佛教三千大千世界中的一位主宰，即忉利天王，從這一四天下三十三天之主，推演出百萬個天主，而整個三千大千世界的最高天主乃是大梵天王。並認為大梵天王和天主的關係正像是周天子與諸侯之間一樣，存在著等級序列，這就將天主的至尊地位加以否定，並置於佛教的最高主宰的統御之下。由此可見，蓮池大師按照佛教的三千大千世界理論，將天主教的天主一併視為像佛一樣，在數目上是無限的，既然天主不過是大梵天王統御下的大千世界的一種，故此天主教對宇宙的認知也是不完整的。蓮池大師認為天主教對宇宙的認知只限於

〔註54〕蓮池：《天說一》，徐昌治：《聖朝破邪集》，香港：宜道出版社，1996年，第320頁。

〔註55〕虞淳熙：《虞德園銓部與利西泰先生書》，朱維錚主編：《利瑪竇中文著譯集》，上海：復旦大學出版社，2007年，第657頁。

欲界，而對色界與無色界是沒有分別的，更遑論對色界和無色界的深入認識。並認爲儘管天主是無形無色的，但相比於佛教的法性而言，仍然是理，在功能上是不具備賞善罰惡的能力的。因爲在佛教看來，理必須與主體的心相統一，才能實現最高的眞理與最高的主體合一，發揮功用，造起諸法，而諸法的本原正在於心性，而不是理。

對蓮池大師的批評，天主教人士的反應是十分強烈的，因爲將天主置於大梵天王之下，是對天主教根本教義的否定。在《辯學遺牘》中，天主教徒對蓮池大師的護教言論進行詳細的駁難，進一步顯示出雙方在宇宙論上的差異，並延續利瑪竇的護教思路，認爲只有借助理性詳加辯論，方可分清孰是孰非、孰優孰劣，而不能以雙方各自的信仰爲據，方可達到「剖析淨盡，使事理畫一，眾無二尊」的目的。故天主教徒從天文和地理知識角度對佛教的四天下、三十三天予以批評：

> 四天下、三十三天，其語頗有故。蓋今西國地理家，分大地爲五大洲。其一洲，近弘治年間始得之，以前不識，止於四洲。故元世祖時，西域箚馬魯丁獻大地圓體圖，亦止四洲，載在元史可考也。四洲之中，獨亞細亞、歐羅巴兩地相連最廣，其中最多高山。故指亞細亞之西境一高山，爲崑崙亦可，或爲須彌、爲妙高皆可。此四天下之說所自來也。西國曆法家，量度天行度數，分七政爲七重，其上又有列宿、歲差、宗動，不動五天共十二重，即中曆九重之義。七政之中，又各自有同樞、不同樞、本輪等天。少者三重，多者五重，總而計之，約三十餘重。此皆以璣衡推念得之，非望空白撰之說也。此三十三天之所自始也。此二端者，自有本末。

此爲借用西方天文地理知識對佛教進行的理性批判，而這也是來源於利瑪竇的策略。利瑪竇借天文知識認爲「釋氏謂中國在南贍部洲，並計須彌山出入地數，其謬可知也。」〔註56〕在佛教中，須彌山是世界地理的中心，其餘大山都是圍繞它依次排列，山頂上爲大梵天王，四面山腰爲四天王天，四大洲爲東西南北各一洲。可見，佛教宣揚的世界中心是大山，這體現了人類的自尊心理和合乎目的的心理。但是，從世界地理知識的角度，這是不符合世界實際狀況的。而所謂四天下、三十三天，則是指佛教三界之中欲界的天神的

〔註56〕利瑪竇：《乾坤體義》，朱維錚主編：《利瑪竇中文著譯集》，上海：復旦大學出版社，2007年，第519頁。

兩種稱呼，其中三十三天即是忉利天。兩者都是屬於佛教按照修持程度和獲得果位元等級序列的較低層次的。利瑪竇借地理知識來評價佛教的修持等級秩序顯然是有失偏薄的。故天主教徒在對三千世界進行批判時，改變了策略。儘管也借用天文地理知識進行反駁，但更多的對佛教三千世界的說法來源進行考察，從而否定其正當性。

在天主教徒眼中，佛教理論多是盜用中國學說，而在其本土印度從未有此種說法〔註57〕：

> 西國未聞，即西來士人，曾遊五印度諸國者，其所勸化婆羅門種人，入教甚眾，亦不聞彼佛經中，曾有是說。獨中國佛藏中有之，不知所本。以意度之，大都六朝以來，譯文假託者祖鄒衍大瀛海之說，而廣肆言之耳。不然，何彼涅滅之盡，此相肖之甚也。蓋五印度近小西洋，西國往來者甚眾，經籍教法，從古流傳至彼。其所爲佛教，皆雜取所聞於他教者，會合成之。如善惡報應，天堂地獄，是從古以來天主之教。如輪迴轉生，則閉他臥剌白撰之論。迨後流入中華，一時士大夫，醉心其說。翻譯僧儒，又共取中國之議論文字，而傳會增入之，所以人自爲說，不相統一。

在此，天主教徒對佛教學說的源流進行了詳細考辯，認爲佛教的三千世界不過是後人附會的結果。但也應當看到，該文混淆了印度教與佛教，而佛教傳入中國之後開始大行於世，並得到了很大的發展，到明代已經是中國文化的重要組成部份，而在印度本土佛教的勢力早已衰落。所以僅僅依此考察源流而否定佛教的宇宙結構論，是難以動搖佛教在當時文化中的地位，反會達到明易佛而暗排儒的結果，這對其易佛補儒策略是不利的。此外，佛教的三千大千世界觀念是出於倫理的道德修持意義而言的，而依據天文地理知識加以否定，是存在誤解的。但是從中可以看出，雙方儘管彼此存在誤解，但是出於護教的目的，在宇宙觀上力求將對方的主神納入自己的宇宙論體系中，其中所反映出來的雙方宇宙論的差異與調和的努力，對促進當今天主教與佛教的對話是有啓發意義的。

第三節　天堂與淨土

明後期天主教與佛教的碰撞更多的體現在雙方對待來世的態度上。對天

〔註57〕釋袾宏：《天說》，《破邪集》，香港：宜道出版社，1996年，第320頁。

主教而言，末世意味著進入天堂得到永福，在佛教看來，是指當時較爲流行的淨土觀念。而天堂和淨土在追求彼岸世界的意義上有著明顯的相似性，都是出於對現世的虛幻和有限性的超越。但是在雙方接觸初期，出於護教目的，彼此責難，其中尤以天主教爲突出。天主教按照利瑪竇制定的易佛補儒的傳教策略，大力宣揚天堂、地獄觀念，而將佛教的淨土信仰棄之不顧，其中原因不僅在於雙方教義體系的差異，更在於正是這種相似性，導致天主教進入中國初期，出於維護自己的獨特性考慮，不惜放棄雙方可以對話的部份，反覆駁難。而佛教作爲早已融入中國文化的宗教信仰，出於維護自身文化體系的目的，通過聯儒策略以批判中國新興的天主教。

利瑪竇將晚明士人所渴望知曉的生死觀念引入中國，引起了當時士人的注意。而利瑪竇對死亡觀念的介紹，其著眼點正在於天主教的末世論，其中主要的是天堂、地獄觀念。

對於佛教的天堂地獄觀念，利瑪竇堅持認爲佛教乃是竊取西方的學說，在對待天堂地獄觀念時更是如此：

> 事物有一二情相似，而其實大異不同者。天主教，古教也。釋氏西民，必竊聞其說矣。凡欲傳私道者，不以三四正語雜入，其誰信之？釋氏借天主天堂地獄之義，以傳己私意邪道，吾傳正道，豈反置弗講乎？釋氏未生，天主教人已有其說。修道者後世必登天堂，受無窮之樂，免墮地獄，受不息之殃。故知人之精靈常生不滅。

〔註58〕

顯然利瑪竇試圖將佛教教義通過西竊說加以否定，卻對其歷史淵源詳查不夠，沒有看到佛教與印度教之間的聯繫。不僅如此，利瑪竇對兩者之間的區別做出了詳細分析。

一、輪迴業報說之辯

（一）佛教輪迴說批判

其一，利瑪竇認爲佛教輪迴說不符合儒家倫理。利瑪竇認爲天主教的天堂地獄說是眞而輪迴說是虛假的，「彼用『虛無』者僞詞，吾用『實有』者至理；彼言輪迴往生，止於言『利』；吾言天堂地獄利害，明揭利以引人於『義』。

〔註58〕利瑪竇：《天主實義》，朱維錚主編：《利瑪竇中文著譯集》，上海：復旦大學出版社，2007年，第26頁。

豈無辯乎？且夫賢者修德，雖無天堂地獄，不敢自己，況實有之」。在此，利瑪竇給天堂地獄說蒙上了倫理色彩，將之納入中國傳統義利之辨的論說範疇，使批判更具有道德的合理性。進而，利瑪竇認為輪迴說有悖於人倫秩序，對於中士的輪迴「皆同類，亦似無傷」的辯解，利瑪竇更是難以接受：

> 謂人魂能化禽獸，信其說則畜用廢。謂人魂能化他人身，信其說將使夫婚姻之禮，與夫使令之役，皆有窒礙難行者焉。何者？爾所娶女子，誰知其非爾先化之母，或後身作異姓之女者乎？誰知爾所役僕、所罰責小人，非或兄弟、親戚、君師、朋友後身乎？此又非大亂人倫者乎？總之，人既不能變為鳥獸，則亦不能變化他人，理甚著明也。〔註59〕

但釋如純則認為佛教輪迴說是符合儒家倫理的：

> 若曰「盡信書則不如無書」，則六經可焚棄，是非通論也。程子嘗曰，親見村民化為虎，自引虎入其家，食其豬羊。聖人亦曰：「精氣為物，遊魂為變。」甚有深意。蓋生而曰心，死而曰魂，非二物也。聖人曰「變」，吾佛曰「輪」，理則一也，此非又一證乎？何遽謂無輪迴耶？則知此身既不可以嘗保，倘背善而趣惡，固不免為異類。故玄宗直指云人用禽獸心，死必為禽獸；生用人天心，死必為人天，此唯心之旨，不易之理也。〔註60〕

可見，利瑪竇和釋如純的著眼點是有很大差異的，一方以事實根據判斷，另一方則出於倫理道德的考慮進行辯護。林啓陸也認為佛教乃至道教的輪迴說有利於遷善棄惡的，對儒家倫理有補充作用，反而天主教的天堂地獄說是沒有憑據的：

> 彼夫斥二氏以成佛作祖之言，杳不可查。因果輪迴之說，茫無可據。何獨以祀天主者，定登天堂為天主之忠臣；背天主者定入地獄，為天主之叛民之可查可據乎？嘗觀二氏之言，特謂一念善，即是成佛成仙種子，一念惡，即是畜生地獄種子，斯不過儆惕人心，使之遷善以棄惡也。老氏《道德經》、佛氏《因果經》，亦曾教人忠

〔註59〕利瑪竇：《天主實義》，朱維錚主編：《利瑪竇中文著譯集》，上海：復旦大學出版社，2007年，第52頁。
〔註60〕釋如純：《天學初闢》，徐昌治：《聖朝破邪集》，香港：宜道出版社，1996年，第401頁。

　　以事君，孝以事親，陰以敬神，陽以愛人，是亦有以補助乎儒教也。
〔註61〕

可見，雙方都試圖證明自身文化對儒家倫理具有補充的合理性，而對雙方在倫理層面可融合的可能性把握不足，可見誤解之深。但其間也不乏通曉此理之人，「然余於天教之人，亦何有仇讎嫉忌之心哉？念彼離國遠來，煉形攝養，欲人去惡爲善，以敬天帝，亦無不可者。而無奈執性顛倒，妄計邪因，不得佛意」〔註62〕。若以此捫心自問，不也執性顛倒？可見，文化交往中，尚需將心比心，彼此心照的態度。

　　其二，利瑪竇對佛教輪迴說的起源產生懷疑：

　　　　古者吾西域有士，名曰閉他臥剌，其豪傑過人，而質樸有所未
　　盡，常痛細民爲惡無忌，則乘己聞名，爲奇論以禁之。爲言曰行不
　　善者必來世復生有報，或產艱難貧賤之家，或變禽獸之類。暴虐者，
　　變爲虎豹；驕傲者，變爲獅子；淫色者，變爲犬豕；貪得者，變成
　　牛驢；偷盜者，變作狐狸、豺狼、鷹鷂等物。每有罪惡，變必相應。
　　君子斷之曰，其意美，其爲言不免玷缺也，沮惡有正道，奚用棄正
　　而從枉乎？既沒之後，門人少嗣其詞者。彼時此語忽漏國外，以及
　　身毒釋氏圖立新門，承此輪迴，加之六道，百端詭言，輯書謂「經」。
　　「身毒」微地也，未班上國，無文禮之教，無德行之風，諸國之史
　　未之爲有無，豈足以示普天之下哉？〔註63〕

在利瑪竇看來佛教的輪迴說是竊自畢達哥拉斯的學說，畢達哥拉斯宣導輪迴，是出於賞善罰惡目的，而傳到印度後，被肆意歪曲，背離了原義。更何況畢達哥拉斯的學說爲了使愚人畏懼而不敢作惡，故意立此輪迴之說，其本身是違背正道的，而釋氏不加辨析，跟從其說，以訛傳訛，其立教之義爲非。

　　釋如純對此提出異議，認爲輪迴說爲佛教所宣導，是在業報和心性論基礎上推衍出的，並認爲中國早就有輪迴的說法，借輪迴說批判天主創造說：

〔註61〕林啓陸：《誅夷論略》，徐昌治：《聖朝破邪集》，香港：宜道出版社，1996年，
　　　　第283頁。
〔註62〕張廣湉：《證妄後說》，徐昌治：《聖朝破邪集》，香港：宜道出版社，1996年，
　　　　第363頁。
〔註63〕利瑪竇：《天主實義》，朱維錚主編：《利瑪竇中文著譯集》，上海：復旦大學
　　　　出版社，2007年，第48頁。

　　雖然果不自果，因業而果；業不自業，由惑而業；惑不自惑，緣妄而惑；妄不自妄，從眞起妄；眞不自眞，對妄名眞。故曰：「應觀法界性，一切唯心造。」是則心生則種種法生，心滅則種種法滅。所謂「夢裏明明有六趣，覺後空空無大千。」佛不云乎「一切眾生，具有如來智慧德相，但以妄想執著，而不證得」。從迷積迷，莫知底止。世尊說爲可憐憫者，又豈藉輪迴之說而駭人哉？

　　若曰：「佛教入中國始聞其說」，是大不然。雖無其言，業有其事。如鯀化爲熊，望帝爲龍，羊哀爲虎，彭生爲豕，如意爲犬，黃母爲黿，宣武爲鱉，鄧艾爲牛，徐伯爲魚，鈴下爲鳥，書生爲蛇，李微爲虎等。此種種皆儒書記載，盡釋教未入中國以前昭昭有之，特未揭出輪迴兩言耳。蓋有其言而無其事者，或有之矣，未有有其事而無其言，並不信其實有之事者亦惑矣。〔註64〕

但對中國天主教徒而言，對利瑪竇的說法自然深信不疑，入教前對佛教深有研究的楊廷筠即堅持此種看法：

　　釋氏輪迴，似竊古人閉他臥剌白撰之言，非實有也。彼憫愚俗頑鈍難於化誨，設喻設教，以感動民心。乃云人世自多種輪迴，皆就人所最懼最欣者。立爲名相，使人有所警動，不敢爲惡也。而西儒知道者，非之曰：閉他臥剌，意則善矣；所以立教，非也。……天教謂臥剌死後必不免地獄，非無見也。乃旁近諸邦，傳流其說。迄於竺國，遂以爲至理妙法。而中國沙門因而祖述其說，不知此一端者在西國，已爲久棄之唾，無復置齒者矣。……彼言天堂地獄，似屬形象、色身受用之苦樂，故享可言盡，盡可復輪轉。天教之言兩所，本是神靈，苦樂不涉粗跡，烏得同？然其說流傳已久，浸灌最深，非多方破解，不能使人洞然無疑也。〔註65〕

與利瑪竇相較，楊廷筠的批判不僅僅停留在西竊說上，更從義理上加以闡述，認爲輪迴觀念是違背天主教「愛人如己」宗旨的。

　　其三，從事實和理性的角度對輪迴說進行駁斥。

〔註64〕釋如純：《天學初聞》，載徐昌治：《聖朝破邪集》，香港：宜道出版社，1996年，第400頁。

〔註65〕楊廷筠：《天釋明辨》，吳相湘：《天主教東傳文獻續編》，臺北：學生書局，1966年，第286頁。

　　一方面，利瑪竇針對輪迴觀念中的三世說進行否定，在天主教看來，只存在今世與來世，而人對前世是不存在記憶的，既然沒有這種對前世記憶的事實存在，也就否定了前世存在的可能：

> 假如人魂遷往他身，復生世界，或爲別人，或爲禽獸，必不失其本性之靈，當能紀念前身所爲。然吾絕無能記焉，並無聞人有能記之者焉，則無前世明甚。……萬方萬類生死眾多，古今所同，何爲自佛氏而外，異邦異門，雖奇聖廣淵，可記千卷萬句，而不克記前世之一事乎？人善忘，奚至忘其父母，並忘己之姓名？獨其佛老之子弟以及畜類得以記而述之乎？〔註66〕

釋如純對利瑪竇認爲前世不能記憶的說法進行了駁斥：

> 若謂無能記前世之事，以證無輪迴者。不見羊祐識環，鮑靚記井，向靖女亡而再育，問父母以求刀。文澹幻質以還生，說香囊而驗父，龜齡賦橋碑之宿寫，子瞻指殿陛以曾階，事匪無徵，孰敢不信？且吾人壯而不記襁褓，耄矣頓忘壯年，一身所歷之事，尚然罔憶，而況隔生乎？至於終年染翰，累舉筆而忘字；薄暮移榻，夜起而莫辨東西，豈遂謂不由昔而突然自有於今耶？縱殁彼而即胎此，尚有臨終倉卒之怖，母腹局促之昏，顛倒而下，莫知所措，改頭換面，習業懸殊，迨識人事來竟不知相去幾歲月矣，欲責以憶前世之事，不亦甚乎？故曰：「菩薩有隔陰之昏，羅漢有出胎之障。」苟非智通宿命，惑淺業輕，未易記往事也，故憶者少而忘者多也。

並且釋如純採取利瑪竇的論證方法，反證如果沒有輪迴，天主的存在是值得懷疑的：

> 子教謂「凡人之生時，天主即造靈魂畀之」，然則斯身也，固父母遺體也，斯靈也，亦天主之始造也，其所能記前事者何也？佛經固不足信也，書史亦不足信耶？學佛者固不足信也，夫學儒者豈亦不足信耶？欲盡信固不可也，寧無可信也耶！苟有一可信，則子將欺天乎？欺人乎？適足以自欺也。〔註67〕

〔註66〕利瑪竇：《天主實義》，朱維錚主編：《利瑪竇中文著譯集》，上海：復旦大學出版社，2007年，第49頁。

〔註67〕釋如純：《天學初闢》，載徐昌治：《聖朝破邪集》，香港：宜道出版社，1996年，第401～402頁。

由此可見，以理性實證也有其缺陷的地方，容易陷入以子之矛攻子之盾的不利境地。蓮池大師也認為：「彼書杜撰不根之語，未易悉舉。如謂人死，其魂嘗在，無輪迴者。既魂嘗在，禹湯、文武何不一誠訓於桀紂、幽厲乎？……如斯之類，班班載於儒書，不一而足，彼皆未知，何怪其言之舛也。」〔註68〕

而朱宗元出於護教的目的對佛教輪迴說進行了激烈批判，認為：「魂有記含，能記憶一生之事。使人魂轉為他身，則必盡記其前生之事。今人絕無能記前生者，即佛書中，有一二人能記前生一二事。然據佛說，人人皆有輪迴。則必人人能記，事事悉記□□可。今顧不然，則佛書多屬附會，其人魂不轉為他身可知也。」〔註69〕

另一方面，利瑪竇借天主教三魂說，仔細區分了人魂與物魂的差異，指出「既知人的體態不同於禽獸，則人之魂，又安能與禽獸相同哉」，故人之魂只能合於自身。對於佛教的人魂變獸，利瑪竇認為這並不能賞善罰惡，「輪迴之謊言蕩詞，於沮惡勸善無益，而反有損也」。進而利瑪竇對佛教的戒殺生進行駁斥，以生活事實論證輪迴的不合理性：「彼言戒殺生者，恐我所屠牛馬，即是父母后身，不忍殺之耳。果疑於此，則何忍驅牛耕或駕之車乎？何忍羈馬而乘之路乎？吾意弒其親，與勞苦之於耕田，罪無大異也；弒其親，與恒加之以鞍而鞭辱之於市朝，又等也。然農事不可廢，畜用不可免，則何疑於戒殺之說？而云人能變禽獸，不可信矣。」〔註70〕對於佛教戒殺「近於仁」的說法，利瑪竇評價道：

> 設人果變為禽獸，君子固戒殺小物如殺人比。彼雖殼貌有異，均是人也。但因信此誕說，朔望齋素以戒殺生，亦自不通。譬有人日日殺人而食其肉，且復歸依仁慈而曰：「朔望我不殺人，不食其肉。」但以餘日殺而食之，可謂戒哉？其心忍恣殺於二十八日，彼二日之戒何能增，何能減其惡之極乎？夫吾既明證無變禽獸之理，則並著無殺生之戒也。〔註71〕

〔註68〕 蓮池殊宏《天說二》，載徐昌治：《聖朝破邪集》，香港：宜道出版社，1996年，第321～322頁。

〔註69〕 朱宗元：《答客問》，張西平主編：《梵蒂岡圖書館藏明清中西文化交流史文獻叢刊》（第1輯第25冊），鄭州：大象出版社，2014年，第593頁。

〔註70〕 利瑪竇：《天主實義》，朱維錚主編：《利瑪竇中文著譯集》，上海：復旦大學出版社，2007年，第51頁。

〔註71〕 利瑪竇：《天主實義》，朱維錚主編：《利瑪竇中文著譯集》，上海：復旦大學出版社，2007年，第52頁。

釋如純對此進行了反駁，並解釋說佛教輪迴的意旨在於心念：

> 縱曰以不變禽獸爲不輪迴者，吾教固未嘗單以人獸而論輪迴，
> 且余亦未敢爲子保也。心境交加，疾如風火，從朝至暮，一息不停，
> 俯仰之間，變態萬狀，前念未滅，後念繼生，道心人心，禽心獸心，
> 不知其幾周匝乎其間，其爲輪迴不已甚乎！又何伺帶角披毛而後爲
> 異類哉？此心實輪迴之本也。循業受報，輪迴之理也。前所引者，
> 輪迴之事也。遊魂爲變，輪迴之證也。記述往事，輪迴之征也。昭
> 著若此，雖欲不信不可得也夫！〔註72〕

（二）業報

利瑪竇對佛教的報應觀念進行批判，認爲報應說是有悖於天堂地獄的。在中國士人看來報應在今世的賞善罰惡的作用更爲有效，這樣天主教的天堂地獄的倫理意義則顯得多餘，「善惡有報，但云必在本世，或不於本身，必於子孫耳，不必言天堂地獄」。可見在中國士人眼中現、生、後三報的思想尤顯重要，更何況佛教的報應觀念與中國傳統倫理有著相契合之處，「古代中國人祈求生命的永恆、避免生命的消亡、崇拜不朽的思想，既表現爲追求個人的長生不死，也表現爲祈盼子孫萬代的永生昌盛，即生命的綿延不絕。佛教的因果報應理論，強調出因生果，前能啓後，前期影響後，把人生歸結爲過去、現在和未來三世，並融入循環往復的系統之中，這種生命意識與中國固有文化的生生不息觀念相吻合，這也是佛教因果報應說長期流傳的重要原因」。〔註73〕而在利瑪竇看來，無論是現世的報應還是將之歸結到未來子孫身上，都是不合理的：

> 我自爲我，子孫自爲子孫。夫我所親行善惡，盡以還之子孫，
> 其可爲公乎？且問天主既能報人善惡，何有能報其子孫，而不能報
> 及其躬？苟能報及其躬，何以捨此而遠俟其子孫乎？且其子孫又有
> 子孫之善惡，何以爲報？亦將俟其子孫之子孫，以酬之歟？爾爲善，
> 子孫爲惡，則將舉爾所當享之賞，而盡加諸其爲惡之身乎？可謂義
> 乎？爾爲惡，子孫爲善，則將舉爾所當受之刑，而盡置諸其爲善之

〔註72〕釋如純：《天學初闢》，載徐昌治：《聖朝破邪集》，香港：宜道出版社，1996年，第402頁。

〔註73〕方立天：《中國佛教哲學教義》，北京：中國人民大學出版社，2005年，第91頁。

躬乎？可爲仁乎？非但王者，即霸者之法，罪不及胄。天主捨其本身，而惟胄是報耶？更善惡之報於他人之身，紊宇內之恒理，而俾民疑上帝之仁義，無所益於爲政，不如各任其報耳。〔註74〕

這裡利瑪竇主要表達了兩層意思：其一，揭示了本世報應的局限性，即「不足以充人心之欲，又不滿誠德之功，不足現上帝賞善之力量也」，更何況道德是無價的，是無法將之量化回饋於人的。其二，將自己的業報留待子孫解決是不公平的，這裡顯然是針對佛教報應主體而言的。但利瑪竇這裡混淆了佛教與中國報應之間的差異，誤將對子孫的報應歸結到佛教教義上。因爲佛教的報應來自於人的心理活動，即使沒有付諸行動，也都會構成不同報應的根據，是報應的決定者，人死後受報應的主體自然是靈魂。而報及子孫的說法來自於中國的天道觀，如《周易》就有「積善之家，必有餘慶；積不善之家，必有餘殃」的說法，儘管佛教流入中國後與傳統倫理發生融合，但區別還是存在的，即佛教報應論更強調了人的道德主體性以及自律性。利瑪竇在此兩點意義上否定了佛教的報應觀，藉以彰顯天主教天堂與地獄的必要性。

而佛教人士對此不以爲然，系統闡發佛教業報思想，反認爲天主教天堂地獄爲妄念，行天主之教，只能「天堂未就，地獄先成」：

夫天堂地獄，蓋眾生業力所召，非夫病者所受之症候、所感之寒熱乎。而天教唱言：「皈依者昇天堂，不則地獄而已。」簧鼓愚民，欣上壓下，捨此趣彼，則己以病而加諸人矣。反以兩醫爲喻，抑何其自昧而昧人耶，故泛謂佛教以天堂地獄教化眾生者亦妄也。佛蓋知夫天堂地獄之所由來，故立戒定慧之教，引而出於昭曠之原耳。……行地獄之因，希天堂之果，豈非天堂未就，地獄先成者乎？

〔註75〕

二、天堂地獄說

天堂與地獄觀念是基督教末世論的重要組成部份，它與死後復活和末日審判是相互聯繫的，經過末日審判，只有義人才可以升入天堂，與天主享受

〔註74〕利瑪竇：《天主實義》，朱維錚主編：《利瑪竇中文著譯集》，上海：復旦大學出版社，2007年，第66頁。
〔註75〕釋圓悟：《辨天三說》，徐昌治：《聖朝破邪集》，香港：宣道出版社，1996年，第345～347頁。

完美的生活，而惡人將墮入地獄，受到永罰。故在天主教教義中，天堂是人最深切期盼的圓滿實現，是終極幸福境界。這也顯示出天主教的有限與線性的歷史觀念。這與建立在循環論基礎上的佛教觀念是有極大差異的，佛教主張一切因緣而生，因緣而滅，萬物互爲因緣，眾生在業的作用下生滅往復。每個生存者都想毀滅，但由於難以擺脫業的作用，生命只能接受新一輪的迴圈。惟有極個別修行者擺脫業的困擾，才能抵達涅槃境界，在晚明佛教中，流行的是西方淨土觀念。惟有眞心抱定信、願、行的人，方可進入西方淨土這一彼岸的極樂世界。反之，則要接受十殿閻王的裁判，受到因果報應，此種觀念在民間廣爲流傳。

利瑪竇基於天主教教義對天堂地獄觀念進行闡發，但對其神學意義顯然是有意遮蔽的，而更突出其倫理意義，以使之能爲重倫理的中國士人所接受。對天堂地獄的倫理意義利瑪竇是這樣表述的：

> 夫此天堂地獄，其在成德之士，少藉此意以取樂而免苦也，多以修其仁義而已矣。何者？天堂非他，乃古今仁義之人所聚光明之宇；地獄亦非他，乃古今罪惡之人所流穢污之域。昇天堂者，已安其心乎善，不能易也；其落地獄者，已定其心乎惡，不克改也。吾願定心於德，勿移於不善，吾願長近仁義之君子，永離罪惡之小人。誰云以利害分志，而在正道之外乎？儒者攻天堂地獄之説，是未察此理耳已。〔註76〕

可見，對天堂地獄的倫理含義闡發，有意藉此化解儒家學者的責難。而這對中國士人是陌生的，故利瑪竇詳細論證了天堂地獄的存在。

利瑪竇主要是從三個方面進行論證：

首先，運用理性的方法。其一，利瑪竇認爲事物均有一定的歸宿，這與其本性的期望是相關的。人的本性「未有以本世之事爲足者」，「蓋人心之所向，惟在全福」，而全福之所在，正是天堂，這與有缺憾的本世形成鮮明對比。其二，人的本性，在於對「無窮之眞」、「無量之好」的追求，但此本性乃天主所賦予，其需求在今世是難以被滿足的，只有等待來世充盈，即天堂。其三，人生世間，其道德是無價的，或其罪惡也是難以估量的，只有借天堂地獄來永賞永罰，方可使善惡得到相應的賞報。其四，天主是賞善罰惡的，但

〔註76〕利瑪竇：《天主實義》，朱維錚主編：《利瑪竇中文著譯集》，上海：復旦大學出版社，2007年，第65頁。

是世間總會有「爲惡而富貴安樂」或者「爲善而貧賤苦難者」的不公正現象，若沒有天堂地獄作爲來世的補償，那麼天主的正義性會遭到破壞。〔註77〕

　　其次，利瑪竇借助中國典籍來論證，並對典籍中無明確的天堂地獄記載進行辯護：

> 聖人傳教，視世之能載，故有數傳不盡者；又或有面語，而未悉錄於冊者；或已錄，而後失者；或後頑史不信，因削去之者。況事物之文，時有換易，不可以無其文，即云無其事也。今儒之謬攻古書，不可勝言焉。急乎文，緩乎意，故今之文雖隆，今之行實衰。《詩》曰，「文王在上，於昭於天；文王陟降，在帝左右。」又曰，「世有哲王，三后在天。」《召誥》曰，「天既遐終大邦殷之命。兹殷多先哲王在天。」夫在上，在天，在帝左右，非天堂之謂，其何歟？〔註78〕

由此可見，利瑪竇對古經的解釋具有很大的伸縮性，並站在歷史退化觀角度認爲近儒的解釋是不可靠的，並從古經文中附會並引申出天堂的存在，自然這是難以讓人信服的。故利瑪竇進而論證到：

> 西庠論之訣，曰正書可證其有，不可證其無。吾西國古經載，昔天主開闢天地，即生一男名曰亞黨，一女名曰阨襪，是爲世人之祖，而不書伏羲、神農二帝。吾以此觀之，可證當時果有亞黨、阨襪二人，然而不可證其後之無伏羲、神農二帝也。若自中國之書觀之，可證古有伏羲、神農於中國，而不可證無亞黨，阨襪二祖也。不然，禹跡不寫大西諸國，可謂天下無大西諸國哉？故儒書雖未明辯天堂地獄之理，然不宜因而不信也。〔註79〕

這就使得對天堂地獄的論證有了一定的合理性，即是說，每個文明都會有其獨特的文化，並不能因爲一方沒有記載就斷定彼此文化中特殊的事物不存在。更何況「夫天堂地獄之報，中華佛老二氏信之，儒之智者亦從之，太東太西諸大邦無疑之，天主聖經載之，吾前者揭明理而顯之，則拗逆者必非君

〔註77〕利瑪竇：《天主實義》，朱維錚主編：《利瑪竇中文著譯集》，上海：復旦大學出版社，2007年，第67頁。

〔註78〕利瑪竇：《天主實義》，朱維錚主編：《利瑪竇中文著譯集》，上海：復旦大學出版社，2007年，第68頁。

〔註79〕利瑪竇：《天主實義》，朱維錚主編：《利瑪竇中文著譯集》，上海：復旦大學出版社，2007年，第68頁。

子也」〔註 80〕。這顯示出利瑪竇站在天主教立場的獨斷性，畢竟佛教道教的來世說是不同於天主教的，但也由此可見利瑪竇在對待天堂地獄觀念上對佛教有一定讓步的，承認不同文化體系存在一致的地方。

最後，儘管利瑪竇試圖運用經院哲學的方法來論證天堂地獄的存在，而在理性論證無法對其進行證實的地方，不得不訴諸於啓示眞理。利瑪竇認爲「有天堂，君子登之必也，但弗信天堂地獄之理，決非君子」。而這從明末天主教士王徵對天堂地獄必有的堅信中可見一斑：

> 夫死後無永報，必天壤間無主也。果有天地人物之眞主，身後必有善惡之永報矣。倘曰必待死後，既親見吾則信焉，則先失天堂之永福，墮地獄之永苦而後始信實有天堂地獄，豈不甚晚？縱信，將何益耶？常見聰明智慧之儒，靈才所具，亦既實見至理，深信天堂地獄之必有矣。〔註81〕

但在利瑪竇看來，對天堂地獄的信仰也是要符合中國倫理的需要，而盡力避免表現出其中所蘊含的深奧的神學理論。「仁者爲能愛人，能惡人。苟上帝不予善人昇天堂，何足云能愛人？不迸惡人於地獄，何足云能惡人乎？夫世之賞罰大略，未能盡公，若不待身後以天堂地獄，還各行之當然，則不免乎私焉。弗信此，烏信上帝爲仁、爲公哉！」〔註 82〕儘管在倫理上利瑪竇對中國文化做了一定的讓步，但對天堂地獄的皈信的標準仍然是要以天主教經典爲據，「夫天堂大事，在性理之上，則人之智力弗克洞明。欲達其情，非據天主經典，不能測之。吾察天主經稱，天堂者，居彼之處，一切聖神其無六禍，此世中無人無有其一；其有六福，此世中無人有其一」〔註 83〕。由此，利瑪竇將天堂地獄說倫理化，但仍然不失天主教神學本色，則更加能爲注重道德倫理的中國士人接受。

除此之外，爲了避免與佛教的天堂地獄說相混淆，利瑪竇仍然對此詳加辨析，彰顯出雙方之間的差異，一定程度上也顯示出天主教的排他性：

〔註80〕利瑪竇：《天主實義》，朱維錚主編：《利瑪竇中文著譯集》，上海：復旦大學出版社，2007 年，第 70 頁。

〔註81〕王徵：《畏天愛人極論》，鄭安德主編：《明末清初耶穌會思想文獻彙編》，北京大學宗教所，2002 年，第 480 頁。

〔註82〕利瑪竇：《天主實義》，朱維錚主編：《利瑪竇中文著譯集》，上海：復旦大學出版社，2007 年，第 70 頁。

〔註83〕利瑪竇：《畸人十篇》，朱維錚主編：《利瑪竇中文著譯集》，上海：復旦大學出版社，2007 年，第 482 頁。

蓋謀向道者將曰：吾縱爲道至善，而我大事終不得安定不移矣。
使人地獄受刑者，知若干劫已滿，其苦將止，還於元界，復爲世人，
其苦雖大，亦大有冀望，不爲至極，翻生喜慰，非所謂地獄無量苦
惱也，且非天主所施沮惡善法也。……此佛氏不知情一也。

夫樂之時易過則見短，苦之日難度則見長，此情無賢愚其達焉。
吾推而可識，樂甚也，一日當一刻，苦甚也，一刻當一日矣。兩者
又盛，則樂者，一年疑一日，苦者一日疑一年也。若天上樂及地獄
苦，人言不及闡發之，心不及思測之，則天堂之千年爲世界不能一
日耳，地獄之一日爲世界不啻千年也。經謂天堂曰「天主御前，千
載如已過之昨日」。……此佛氏不知情二也。〔註84〕

那麼，天主教的天堂地獄又是什麼樣的呢？儘管這在西方典籍中描述簡略，
但利瑪竇仍然對其做了詳盡的描述，以便使之與佛教的淨土信仰區分開來。
在佛教看來，西方淨土乃是一極樂之邦，「現實世界夢寐以求但永遠得不到的
東西，在那裏都唾手可得；此岸世界的三災八難之患，生死輪迴之苦，在那
裏都雲消霧散，化爲烏有。而且與世俗之樂往往會樂極生悲不同，淨土之樂
永不復生悲。何以故？淨土之樂非是世俗之五欲樂，而是一種法性之常樂，
寂靜無爲樂。一句話，一旦進入西方淨土，眾苦盡除，但享諸樂」〔註85〕。
而天主教更注重對地獄的悲慘境況的描述，而對天堂的美好描述顯得較爲拙
劣，如利瑪竇對地獄之苦描述道：

夫本世之患有息有終，地獄之苦無間無窮。聖賢論地獄分其苦
勞二般：或責其內中，或責其表外。若凍熱之不勝，臭穢之難當，
饑渴之至極，是外患也。若戰慄視屬鬼魔威，恨妒瞻天神福樂，愧
悔無及憶己前行，乃內禍也。……天主公法所使：以刑具苦痛其人，
不令毀滅其體，而以悠久受殃也。夫不欲死後落地獄，全在生時思
省，思其苦，思其勞，思則戒，戒則不爲陷溺之事，而地獄可免焉。

對此，深受利瑪竇影響的王徵則將地獄之苦分爲「覺苦」和「失苦」，前者乃
爲世間之苦，後者是失卻天主之苦，並且認爲地獄之苦「有永永不能脫之苦

〔註84〕利瑪竇：《畸人十篇》，朱維錚主編：《利瑪竇中文著譯集》，上海：復旦大學
　　　　出版社，2007年，第486頁。
〔註85〕賴永海：《中國佛性論》，上海：上海人民出版社，1988年，第259頁。

擾」〔註86〕。對天主教而言，相比於地獄，最重要的莫過於天堂的感召，「設地獄之嚴刑不足以動爾心，天堂之福當必望之。《經》曰：『天堂之樂，天主所備以待仁人者，目所未見，耳所未聞，人心所未及忖度者也。』從是可徵其處為眾吉所歸，諸凶之所遠焉」。並且利瑪竇對天堂的美好極力鋪陳，渲染全福之樂。

　　針對利瑪竇對天堂地獄的論證，陳登認為：「利瑪竇以天堂地獄來勸人從善絕惡，極力鋪陳的天堂之樂與地獄之苦，將功利的思考引入到了人的意識使之構成行為的動機，而且主要是針對著個人，無疑有誘使或脅迫人們的現世行為。這與儒家的思想主流相去甚遠，很容易讓士人儒生認為利瑪竇的後世果報說功利性太強。」〔註87〕但利瑪竇入華的明代後期，士人開始對功利加以重視和肯定，利瑪竇對天堂地獄功利化的言說是與當時的社會思潮相暗合的，並且中國社會對宗教信仰本就採取一種十分功利化的取向。更何況利瑪竇的功利化取向只是傳教的手段，而其落腳點正在於對中國士人有吸引力的道德倫理。利瑪竇認為天堂之謂正在於擁有六福，而其不在現世。所謂六福，一謂聖城，則無過而有全德也；二謂太平域，則無危懼而恒恬淡也；三謂樂地，則無憂苦而有永樂也；四謂天鄉，則無冀望而皆充滿也；五謂定吉界，則無變而常定於祥也；六謂壽無疆山，則人均不死而常生也。〔註88〕而此六福旨在常生、常德，而這對中國士人有巨大吸引力的，正如孫尚揚先生所論：「利瑪竇將天主教道德規範之踐履建立在對地獄之苦的恐懼這種宗教心理情感上，客觀上迎合了部份士大夫的道德意識。事實上，有的士大夫正是由於對利瑪竇的『懼』（地獄之苦）與『誘』（天堂之樂）的思考而滋長對傳統道德的懷疑與批判，並理解、接受天主教義的。」〔註89〕

　　張廣湉對利瑪竇進行反駁：

　　　　彼教謂禁殺牲大有損牧牲之道，牛馬等受終身之患，不如殺食
　　　止一時之痛。噫！是何忍心害理之說一極此也。種地獄因，希天堂

〔註86〕王徵：《畏天愛人極論》，載鄭安德：《明末清初耶穌會思想文獻彙編》，北京：北京大學宗教所，2002 年，第 477 頁。

〔註87〕陳登：《利瑪竇倫理思想研究》，湖南師範大學博士學位論文，2002 年，第 96 頁。

〔註88〕利瑪竇：《畸人十篇》，朱維錚主編：《利瑪竇中文著譯集》，上海：復旦大學出版社，2007 年，第 482～483 頁。

〔註89〕孫尚揚：《基督教與明末儒學》，北京：東方出版社，1994 年，第 78 頁。

果，斷斷必無之理。即此一誠，以見大端，余何暇盡摘其疵。〔註90〕

謝和耐認爲：「僧侶與傳教士互相指控對方假裝模擬，彼此之間相互指責以損害對方的宗教爲代價而犯下了盜用教義的錯誤，以至於將之曲解到無法辨認的程度了。許多中國人則認爲，基督教連同其地獄和天堂的觀念，僅是佛教的一種拙劣贗品。天主教於其大部份觀念中，都竊取了來自印度的宗教。但夷人不但不肯坦率地承認他們所欠下佛教徒的債，反而批評佛教徒在自己教派內部受到高度評價的內容。」〔註91〕但對佛教文化有深入體驗的中國士人，對此有著更深刻的理解。在天主教護教人士朱宗元看來佛教與天主教的天堂地獄說是名同實異的：

> 我所謂天堂、地獄，原與佛說迥異。佛氏之天堂，仍有欲界、色界，此不離塵俗之境。又言福盡復降，是雖得之，不足爲我有也。我所謂天堂，有內社、有外社。內則以本性明睹造物主無窮之至美好；外則明灼倍日，透堅破礙萬福、萬榮，享之者咸無終焉。豈不名同而實異矣乎？佛氏之地獄，不出刀山、劍樹、切頂、摩踵。詎知靈魂神物，非可分剖；肉身復生，亦不墮壞，此種種世刑，豈能被之？又言苦盡仍出，是下此者，尚有異也。若我所謂地獄，有內痛、有外痛。內則永失眞主至美之望，常懷怨妒；外則忿詈顚狂，暴火灼其神軀，萬苦迸集，墮者永不出焉。又豈不名同而實異矣乎？
> 〔註92〕

王徵更是從道德倫理的角度解釋天堂地獄的意義：

> 天堂非他，乃古今仁義之人所聚光明之宇；地獄亦非他，乃古今罪惡之人所流穢污之域。彼既昇天堂者，已安其心乎？善不能易矣！其既墮地獄者，已定其心乎？惡不克改也！〔註93〕

可見，對中國士人而言，天堂地獄的神學意味更爲淡化，而從有利於世道人心的倫理角度來接受、闡發天主教義。故，對利瑪竇而言，天主教的本土化

〔註90〕張廣湉：《證妄後說》，載徐昌治：《聖朝破邪集》，香港：宣道出版社，1996年，第363～364頁。

〔註91〕謝和耐：《中國與基督教：中西文化的首次撞擊》，耿昇譯，上海古籍出版社，2003年，第58頁。

〔註92〕朱宗元：《答客問》，張西平主編：《梵蒂岡圖書館藏明清中西文化交流史文獻叢刊》（第1輯第25冊），鄭州：大象出版社，2014年，第591頁。

〔註93〕王徵：《畏天愛人極論》，鄭安德：《明末清初耶穌會思想文獻彙編》，北京大學宗教所，2002年，第476頁。

是與佛教觀念產生競爭的，但其目的更在於保持自身獨特性，並達到附儒、超儒進而本土化的目的。

第四節　救贖與度世

　　作爲一種宗教信仰，天主教或佛教都將重點放在了對現世人生的拯救上，但基於對宇宙人生的不同認識，兩者在拯救方式上存在著一定的差異。對天主教而言，意味著救贖，黃保羅將其歸納爲四點：一是上帝是通過救世主耶穌基督來拯救世界的拯救者，二是個體存在的人是救贖的對象，三是人類處於需要救贖的境地，四是救贖方式上唯恩稱義。〔註94〕對佛教而言意味著度世，在晚明時期，淨土宗主張西方淨土說，西方極樂世界是佛爲濟渡眾生，以願力化成的清淨樂土，宣導以信、願、行爲宗，強調「乘佛願力」，仰仗於菩薩的慈悲普救。而禪宗認爲拯救不離世間，宣導自性自度。在明後期，禪淨合流的大背景下，佛度與自度達到融通。可見雙方在借助外在力量的拯救上有著一致性，而對是否堅持人自身具有拯救自己的力量上，有著明顯的差異，即使開明的天主教士承認人的努力，但最終仍然需要天主的恩典獲得救贖。這在晚明雙方之間爭論中表現更爲明顯。

一、救贖觀念的宣揚

　　入華之初，羅明堅就認爲可以將完整的救贖思想介紹給中國人，並在《天主聖教實錄》和《中國詩集》中對原罪、天主降生、受難、復活等深奧的救贖觀念用漢語進行表達。「羅明堅主張把基督教福音完整地傳給中國人。他認爲他們能夠接受甚至最難以理解的奧秘，諸如天主降生成人和基督受難。因此，羅明堅的基督論與他歐洲的表達形式一樣集中在受難的基督上，而非其它榮耀的內容。」〔註95〕而利瑪竇則相反，他在很多場合表示現在還不是向中國人表達深奧教義的時候，尤其是對中國人十分陌生的三位一體及救贖思想，在所著中文書籍中也將重點放在了宣揚自然理性以吸引上層人士的皈依。但在必要的時候，利瑪竇仍然是要藉此來維護天主教的神聖性，比如，

〔註94〕黃保羅：《儒家、基督宗教與救贖》，北京：宗教文化出版社，2008年，第6頁。

〔註95〕【意】柯毅霖：《晚明基督論》，王志成譯，成都：四川人民出版社，1999年，第118頁。

當馬堂將基督像視作巫蠱時，利瑪竇反駁說：「依基督教的信仰，十字架上的形象是最神聖的人的肖像。基督爲了拯救人們的靈魂，選擇了那種可怕的死法。爲了紀念他，基督徒們用油畫和雕塑把他死去的樣子表現出來。」〔註96〕在中國天主教教團內部，利瑪竇則通過《天主教要》等以教徒爲主要對象的書籍中，對宣揚救贖觀念毫不避諱，「所有主要的信條都用來指導慕道者：三位一體說，天主降生成人，耶穌受難，聖死，復活和昇天，聖洗的必要性，教會對救贖的必要性……十誡、信經和最常用的禱文」〔註97〕。

但在中文著作《天主實義》中，利瑪竇僅簡要敘述了原罪、救贖的思想，並未深入展開：

> 天主始製創天地，化生人物，汝想當初乃即如是亂苦者歟？殊不然也。天主之才最靈，其心至仁，亭育人群以迨天地萬物，豈忍置之於不治不祥者乎哉！開闢初生，人無病夭，常是陽和，常甚快樂，令鳥獸萬匯順聽其命，毋敢侵害，惟令人循奉上帝，如是而已。夫亂，夫災，皆由人以背理，犯天主命，人既反背天主，萬物亦反背於人，以此自爲自致，萬禍生焉。世人之祖已敗人類性根，則爲其子孫者，沿其遺累，不得承性之全，生而帶疵，又多相率而習醜行，則有疑其性本不善，非關天主所出，亦不足爲異也。人所已習，可謂第二性，故其所爲，難分由性由習，雖然，性體自善，不能因惡而減，所以凡有發奮遷善，轉念可成，天主亦必祐之。但民善性既減，又習乎醜，所以易溺於惡，難建於善耳。天主以父慈恤之，自古以來代使聖神繼起，爲之立極。逮夫淳樸漸漓，聖賢化去，從欲者日眾，循理者日稀，於是大發慈悲，親來救世，普覺群品。於一千六百有三年前，歲次庚申，當漢朝哀帝元壽二年冬至後三日，擇貞女爲母，無所交感，託胎降生，名號爲耶穌。（耶穌即謂救世也），躬自立訓，弘化於西土三十三年，復升歸天。此天主實跡云。
>
> 〔註98〕

〔註96〕利瑪竇、金尼閣：《利瑪竇中國札記》，何高濟、王遵仲、李申譯，北京：中華書局，1983年，第395頁。

〔註97〕【意】柯毅霖：《晚明基督論》，王志成譯，成都：四川人民出版社，1999年，第131頁。

〔註98〕利瑪竇：《天主實義》，朱維錚主編：《利瑪竇中文著譯集》，上海：復旦大學出版社，2007年，第94頁。

對於耶穌降世救贖，這對當時的中國人而言是陌生的，也是難以理解的。在中國人的觀念中，能救助蒼生的多爲聖人，利瑪竇對此進行了嚴格的辨別，以增強天主在救贖世人方面比聖人具備更大的神跡：

> 夫以百里之地君之，能朝諸侯，得天下，雖不行一不義，不殺一不辜以得天下，吾西國未謂之聖。亦有超世之君，卻千乘以修道，屏榮約處，僅稱謂廉耳矣。其所謂聖者，乃其勤崇天主，卑謙自牧，然而其所言所爲過人，皆人力所必不能及者也。〔註99〕

在此基礎上，利瑪竇詳細闡發了天主降世的聖跡比中國的聖人要具有更大的德行，顯示出利瑪竇欲以天主救贖替代聖人救世觀念：

> 以藥治病，服之即療，學醫者能之。以賞罰之公，治世而世治，儒者可致。茲俱以人力得之，不宜以之驗聖也。若有神功絕德，造化同用，不用藥法，醫不可醫之病，復生既死之民，如此之類，人力不及，必自天主而來。……聖人所爲奇事，皆假天主之力，天主則何有所假哉！〔註100〕

不僅如此，利瑪竇運用經典的方式證明天主教救贖論，將西方典籍中對先知的記載說成是暗合中國典籍中的聖人，以增強天主救世的合理性：

> 西土上古多有聖人，於幾千載前，預先詳誌於經典，載厥天主降生之義，而指其定候。迨及其時，世人爭其望之，而果遇焉。驗其所爲，與古聖所記如合符節。其巡遊昭諭於民，聾者命聽即聽，瞽者命視即視，喑者命言即言，闒躃者命行即行，死者命生即生，天地鬼神悉畏敬之，莫不聽命也。既符古聖所誌，既又增益前經，以傳大教於世，傳道之功已畢，自言期候，白日歸天。時有四聖錄其在世行實及其教語，而貽之於列國，則四方萬民群從之，而世守之。自此大西諸邦教化大行焉。〔註101〕

而中國之所以沒有及早得到天主的恩典，利瑪竇將之歸因於佛教的誤傳，「考之中國之史，當時漢明帝嘗聞其事，遣使西往求經。使者半途誤值身毒之國，

〔註99〕利瑪竇：《天主實義》，朱維錚主編：《利瑪竇中文著譯集》，上海：復旦大學出版社，2007年，第95頁。

〔註100〕利瑪竇：《天主實義》，朱維錚主編：《利瑪竇中文著譯集》，上海：復旦大學出版社，2007年，第95頁。

〔註101〕利瑪竇：《天主實義》，朱維錚主編：《利瑪竇中文著譯集》，上海：復旦大學出版社，2007年，第95頁。

取其佛經傳流中華。迄今貴邦爲所誑誘，不得聞其正道，大爲學術之禍，豈不慘哉！」〔註102〕

由上可見，在利瑪竇的救贖觀中天主的恩典處於重要的地位，是人擺脫原罪處境的根源。但利瑪竇並沒有否定人的自身修爲在救贖中的作用，但人類只能借助天主的恩典來提升自己，恢復人類失落的與天主的關係，故利瑪竇在介紹天主教的靈修時說：

> 夫初功者，每朝時，目與心偕，仰天籲謝上帝生我、養我、至教誨我無量恩德，次祈今日祐我必踐三誓，毋妄念、毋妄言、毋妄行。至夕，又俯身投地，嚴自察省，本日刻刻處處所思、所談，及所動作，有妄與否？否即歸功上主，叩謝恩祐，誓期將來繼續無已。若有差爽，即自痛悔，而據重輕，自行責罰，禱祈上帝慈恕宥赦也，誓期將來必改必絕。每日每夜，以此爲常。誠用是功，自爲己師，自爲己判，日復一日，無奈過端消耗矣。〔註103〕

在天主教正統教義中，個人的唯恩稱義與成聖之間是無法分割的，使人類在天主的恩典下，生命能時時更新，精神不斷得以救贖。利瑪竇在對天主教徒意欲抵達教中聖人境界的描述中，體現了這種修爲的艱難：

> 是者初功，又有初之初、中、末三也。蓋凡未行道而立志行之，其始事猶混濁未得便澄，惟戒其大非耳；既聊進，方克省其非也。至近善地，乃察細微過者也。辟之如泉。久淪濁，欲清之，先除其粗石耳；水已靜，方可視小石去之；水既澄，則其渺末土沙，沉居水底，悉可睹而汰之矣。此三者，皆埽除之役，屏棄諸惡耳，未及爲善也。吾曾久作前功，進於此，則兼起行善之功，行善精美矣。行善者，於念、於言、於行，非惟審有妄否，猶察夫既有善否？未有善，則自悔自責，如犯誡焉，此時又以無善爲愆也。至善盛，乃可入聖人域也。〔註104〕

從中可見利瑪竇對天主教正統救贖觀的堅持，是緊隨西方湯瑪斯主義亦步亦

〔註102〕利瑪竇：《天主實義》，朱維錚主編：《利瑪竇中文著譯集》，上海：復旦大學出版社，2007年，第96頁。

〔註103〕利瑪竇：《畸人十篇》，朱維錚主編：《利瑪竇中文著譯集》，上海：復旦大學出版社，2007年，第474頁。

〔註104〕利瑪竇：《畸人十篇》，朱維錚主編：《利瑪竇中文著譯集》，上海：復旦大學出版社，2007年，第475頁。

趨的，而且出於對初次進入中國社會異質環境的考慮，對耶穌受難和聖死等更為重要的內容一併略去，以減少傳教阻礙，顯示出利瑪竇對救贖觀念宣傳上的謹慎態度。柯毅霖先生認為這與西方天主教早期階段有著相似之處，「基督是終點而非起點」。〔註105〕

在利瑪竇之後，龐迪我、高一志等人開始將救贖觀念引向深入，但也遭到誤解，引起中國士人的擾亂。真正將之完成的是在福建開教的艾儒略，宣導以基督為中心的救贖觀念，「在為基督徒團體所寫的書中，耶穌被描述成世界的救主，通過他的受難贖去人類的罪惡。事實上，耶穌的受難被描述成他的生活的中心事件和天主降生成人本身的目的。救贖事件差不多完全以耶穌的受難和聖死為中心，而很少強調復活和榮耀的基督」〔註106〕，因此，柯毅霖先生認為在晚明的天主教傳教過程中，基督處在慕道者和基督徒的靈性形成的核心，故也引導了當時的救贖觀念。

二、佛教徒的反應

晚明佛教徒很少在拯救觀念上對天主教進行批判，而是更多的著眼於宇宙論層面，但也有部份佛教徒對此給予了應有的回應，其中尤以鍾始聲為最。

鍾始聲借儒家思想力排天主教，並借用利瑪竇的理性證明的方法對天主教的救贖觀念進行批判。在鍾始聲看來作為拯救者的天主降生首先是值得懷疑的：

> 又天主降生為人，傳受大道，未降生前，居在何處？若在天堂，則是天主依天堂住，如何可說天主造成天堂？若言既造天堂，依天堂住，如人造屋，還即住屋，則未造天堂時又依何住？若無所依，則同太極。不應太極依天堂住，福罰人間，亦不應太極降生為人。……

> 又天主既降生後，彼天堂上為有本身，為無本身？若無本身，則天上無主；若有本身，則濫佛氏真應二身之說，而又不及千百億化身之奇幻。〔註107〕

〔註105〕【意】柯毅霖：《晚明基督論》，王志成譯，成都：四川人民出版社，1999年，第403頁。

〔註106〕【意】柯毅霖：《晚明基督論》，王志成譯，成都：四川人民出版社，1999年，第403頁。

〔註107〕鍾始聲：《辟邪集》天學初征，吳相湘主編：《天主教東傳文獻續編》，臺北：學生書局，1966年，第918頁。

可見，鍾始聲對天主存在本身乃至降生產生了誤解，而這是由於對利瑪竇運用自然理性論證的錯覺，沒有認識到自然理性論證背後所隱藏的信仰層面，僅僅從表面理解自然產生天主降世是不合理的結論。不僅如此，鍾始聲對天主的救贖提出質疑，對天主道成肉身、原罪進行批判：

> 又謂天主以自身贖天下萬世罪過，尤爲不通。夫天主既其至尊無比，慈威無量，何不直赦人罪，而須以身贖罪？未審向誰贖之？……又既能以身贖人罪過，何以不能使勿造罪？……又既云贖天下萬世人罪，而今猶有造罪墮地獄者，仍贖不盡。

可見，在鍾始聲看來，僅僅運用自然理性的方式論證救贖觀念是不合理的，這也表明，利瑪竇借用理性論證的方式有一定的局限性，必要的時候還是要通過啓示性眞理的方式來解決，但這又與中國人的信仰觀念是陌生的。

對天主教所宣傳的天主降世的諸多靈異事件，鍾始聲將之與佛教進行對比，認爲與佛教無異，這就否定了天主降生救贖的神聖性：

> 若謂釋迦爲摩耶所生，不過是人；則天主爲聖女所生，獨非人乎？若謂耶穌定是天主降生，則安知釋迦非天主降生乎？若謂佛氏經書荒僞，則汝書安知不荒僞乎？若謂汝書歷歷有據，則佛經不亦自謂歷歷有據乎？若謂佛出西域，此間無人見聞便稱爲謬；則汝出大西，此間尤無人見，不尤謬乎？〔註108〕

可見鍾始聲通過以子之矛攻子之盾的方式來否定天主教救贖觀念，這也暴露出天主教傳教初期，作爲啓示性眞理的救贖觀若僅僅依照自然理性論證是有一定弊端的。

釋行元從歷史和理性的角度對天主降生與救贖進行批判，認爲這不符合社會教化的目的，不利於士人君子的道德修養：

> 抑又謂天主受十字刑架以死，請代兆民贖罪，則天主死矣。縱爾靈魂不滅，只一橫架屬祟，何能超百神而獨爲民物主，更以不能修德。徒然委置其身，特此教化，大體安在？斯其理至明，其說甚舛，凡百君子所宜察焉，而不可輕信者也。〔註109〕

〔註108〕鍾始聲：《辟邪集》天學再徵，載吳相湘主編：《天主教東傳文獻續編》，臺北：學生書局，1966 年，第 949 頁。

〔註109〕釋行元：《爲翼邪者言》，載鍾始聲《辟邪集》，鄭安德：《明末清初耶穌會思想文獻彙編》，北京大學宗教所，2002 年，第 367 頁。

釋性潛對楊廷筠等人所宣傳的十字架在救贖中所起到的魔力般的作用加以批判，認爲耶穌不過一囚犯，其通過以身受罪來救贖世人的行爲有悖於倫理綱常，是不能給世人帶來福音的：

> 夫耶穌受十字架之重刑以死，想不過一斃獄之屬鬼。或其強魂不散，如阿修羅者流，亦能作威福於一方，一遇正直者自然匿跡，復指誰爲魔，而令之消隕哉？乃駕言十字架爲極苦之刑，耶穌爲人贖罪，甘心當之爲至德，故圖其形以祀之。夫苟至德，則圖其未受刑之容貌，衣冠儼然儀形，令人瞻仰有何不可？何必作刑囚之狀，以招物議乎？〔註110〕

可見，對佛教徒而言，多站在儒家立場對天主教救贖論進行批判，而其批判的方法也與天主教通過理性論證的方式如出一轍。

釋如純對天主降生的神聖性提出質疑，並與中國傳統聖人觀進行比較，認爲聖人皆有好生不忍之心，從實用理性角度將西方聖人的救贖觀予以否定，並指出天主教所舉行的代表救贖的聖餐等儀式事荒謬的：

> 苟天生禽獸，我殺我食，胡爲聖賢襲此姑息之不忍耶？抑不知生而我給，反節罟之數入山以時耶？又胡爲必齋戒於禘嘗，禁屠沽於旱潦，無故不殺牛羊，七十政開食肉，其殺之之罪孰明於是。……苟子親聞天主，禽獸我生食爾也，禽獸死而靈亦滅也，恣爾殺不爾罪也。則可否則率天下後世之人，逆聖賢不忍之心，而爲忍行者必此之言。嗚呼！子之罪上通於天矣。至以菜中紅液爲血，種種謬妄、鄙俚之談不足斥。〔註111〕

可見在聖人觀上，佛教人士也多是援儒入佛，批判天主教。

三、天主教徒的辯護

明後期的中國天主教徒出於護教的需要，站在中國語境下對天主教救贖思想進行了闡發，這充分體現了東西方文化交往中的差異。

三位一體論是中國士人最難理解的，最早的記錄見於羅明堅的《中國詩

〔註110〕釋性潛：《燃犀》，載鍾始聲《辟邪集》，鄭安德：《明末清初耶穌會思想文獻彙編》，北京大學宗教所，2002年，第380頁。

〔註111〕釋如純：《天學初闢》，載鍾始聲《辟邪集》，鄭安德：《明末清初耶穌會思想文獻彙編》，北京大學宗教所，2002年，第323頁。

集》，但在傳教初期成效甚微。利瑪竇之後改變策略，將重點放在了自然理性論證和附儒層面，以引導中國士人慢慢接受天主教啟示性眞理，最早對此有所領悟的當屬徐光啓。1600 年，徐光啓在南京拜見利瑪竇，接觸時間不長，當時徐光啓對陽明學三教合一思想苦苦思索。之後當羅如望向他介紹三位一體教義時，徐光啓恍然大悟，將之作爲對陽明學「一屋三室」比喻的最佳解釋方式，並細細閱讀教理書籍，開始接受利瑪竇對天主教超越三教的解說，進而入教。而在理論上進行闡述的當屬楊廷筠。在《代疑篇》中楊廷筠如此闡述：

> 一位曰罷德肋，二位曰費略，三位曰斯彼利多三多，此西國本音。
> 罷德肋，此言父也；費略，此言子也；斯彼利多三多，此言無形靈聖
> 也。以經論之，各位有屬。全能屬罷德肋，全知屬費略，全善屬斯彼
> 利多三多。然以父子爲言者，言子即知有父，言父即知有子，言父子
> 即知交相愛。蓋天主原爲至靈，自照本體無窮之妙，內自生一無窮妙
> 之像，與己全同。獨有生於受生之分，生者爲父，受生者爲子。又父
> 子相慕，共發一愛，爲神聖也。故位分而爲三，體合而爲一，三位無
> 大小先後之別，共一性也、一主也、一體也。〔註112〕

在此，楊廷筠對聖父、聖子、聖神的理解基本符合天主教正統教義，但在具體的論證上，仍然借用了中國傳統的「日能發光」「水能就下」等比擬手法，「有輪，有光，有熱，總一日也」，則是有所誤導的。因爲在辨別事物的本質與現象時，楊廷筠將「一」視爲天主，這符合原義，但將「父、子、靈」視作現象在神學上是不對的，在正統天主教義看來「三位」本身就是天主的「體」。這與西方早期對日光說的拋棄如出一轍。可見，三位一體在中文語境下尚不能爲一般的經驗事件所理解，它只能是一種信仰，而非理性。此外，楊廷筠對耶穌的神人二性的理解上只是彰顯了其道德倫理的作用，即「一來是以身立表；一來耶穌性兼天主之性，性與主合」。而朱宗元已經開始理解其中所隱含的救贖意味，「故但恃人性之德，則不克贖無窮之罪。而天主無形妙體，又無從受難。惟得一人而天主者，乃可爲之。則耶穌不可不謂之人，亦不可不謂之天主也。」〔註113〕

〔註112〕楊廷筠：《代疑篇》，載吳相湘主編：《天主教東傳文獻》，臺北：學生書局，
　　　　1964 年，第 593 頁。
〔註113〕朱宗元：《答客問》，張西平主編：《梵蒂岡圖書館藏明清中西文化交流史文獻
　　　　叢刊》（第 1 輯第 25 冊），鄭州：大象出版社，2014 年，第 657 頁。

對佛教的度世觀，楊廷筠進行了比較深入的批判。首先，對天主降生與佛降生兩者的比較上，楊廷筠認爲兩者看似相同，實則差異頗大，佛教的化身說不過是自言自證：

> 釋言佛雖暫居人世，實古佛轉身，雖生今世，實累前劫已有。使人以是人非人疑之。夫六合之外，聖人有所不能知。今且超天地，歷累劫，而盡窮其來蹤寄跡，吾不識何人有此能，何人有此考驗也。須佛是一人考驗又是一人，方可憑信。若自言而自證之，吾未敢以爲然也。〔註114〕

對佛教的度世觀念，楊廷筠認爲度世的標準在於「必實有事驗，如起死回生，赦有罪爲無罪，拔地獄之苦，昇天堂之樂，方云度世之實」。而佛法則不具備此種條件，加之「輪迴等語，既爲明眼勘破；義學精微，皆是吾儒日用家常。止憑語言教誡，便是度盡世人，有是理乎」。故在楊廷筠看來，佛教的度世誓願是不可信的，而能具有此種神力的惟有耶穌：

> 天主生人之初，即預知千萬世之後，人類大惡，應入地獄。若一概赦之，是主命可輕違也，不得言義；一概不赦，是人人悔改無門也，不得言仁。……故千萬世人，前後修者，從此盡得脫免原罪、自罪，徑昇天堂，耶穌受難之功也。所稱度盡世人，惟耶穌乃可當之。

而在耶穌受難和佛教的捨身兩者之間也是有著明顯的區別，佛教的捨身不過是喻言，而受難則包含了無量的功德：

> 佛氏捨身，恐是喻言。若曰：四大可捐云耳，非眞喪其身也。即使眞喪其身，亦與匹夫、匹婦自經溝瀆者等耳。帝王爲臣民而盡瘁，功德方稱無量。況天主之尊，又萬萬倍於帝王者乎？故天教論耶穌降生贖罪之功，大於化成天地生育萬物之功。彼是救人之肉身，此是救人之靈性。彼是以意而成，如人主之出命令；此是以身而贖。如人主之親赴難。相提而較，誠不可並論也。

不僅如此，在天主教和佛教的懺悔以贖罪方面楊廷筠也進行了詳細的比較，認爲佛教的懺悔方法對消除原罪是毫無意義的：

〔註114〕楊廷筠：《天釋明辨》，載吳相湘主編：《天主教東傳文獻續編》，臺北：學生書局，1966年，第335頁。

　　夫懺悔己罪，出自誠心，即改過、遷善之門，亦何不可？今人行此者，既不知獲罪於天，當求解於天主；又不明言己有何過、犯有何罪，全無改心。但令僧人與念某經，終以迴向，務求利益。夫不悔不改，已負一罪；再求利益，罪上加罪。

　　復有所謂《梁王懺》者，益屬淺陋。無論此懺，六朝人所造，原無至理。即使果皆上聖格言，吾跪而拜之，於吾積惡叢愆，有何干涉，便能涮除乎？義理之書，無過《周易》。試取一部易書，香花供奉，一字一拜，不識於人罪過，能損纖毫否也？此理極明。不但愚夫村婦，習矣不知；賢士、大夫，亦復胡跪膜拜，通不知恥。誠不可解也。

　　當時寶誌和尚，伎倆如此，何異流俗緇髡。彼且不能自懺，何能設法懺人哉？夫罪自己作，須自己更。辟之病在腹心，須自飲藥；他人強飲，我病何干？又辟之得罪君父，惟君父能解之；他人顰笑，我則何與？〔註115〕

可見，楊廷筠對佛教懺悔消罪的三種途徑一一否定，即懺悔之法、懺悔之經、和僧人。針對此種三點楊廷筠對天主教的拯救途徑一併加以詮釋。認爲若要贖罪首先要悔罪，「人不知悔，其心方迷，是爲地獄基本；人誠知悔，其心已悟，即爲天路階梯。只患悔不眞，改不力，體面支吾，無救靈神耳。眞心痛悔，決意斬除；舊惡不留，新愆不作；光光潔潔，明體復完」。在悔罪的方法上，楊廷筠對洗禮與告解進行了介紹，區別在於前者赦免舊罪，後者赦免新罪。爲了於佛教的僧人赦免權相區別，楊廷筠對天主教的天主赦免權進行了詳細解釋：

　　蓋耶穌昇天，親留法旨，將此教規傳佈世間。復擇宗徒有聖德者，立爲教皇。爲諸國教宗，傳賢不傳子。代代聖賢，主世傳教。教皇在，即耶穌在也。教皇廣求賢哲，任畀斯玻。畀斯玻在，即教皇在也。畀斯玻又博選有道德者，爲撒責兒鐸德。撒責兒鐸德在，即畀斯玻在也。層累而上，轉屬而下。總與天主住世一般，總有洗過之權，此非人力能也。重在耶穌有命，命在世間永永不改。命不

〔註115〕楊廷筠：《天釋明辨》，載吳相湘主編：《天主教東傳文獻續編》，臺北：學生書局，1966 年，第 403 頁。

可改，理不可疑也。以其實理，合其實事。故惟天教赦罪之法，斷
非虛語。〔註116〕

由上可見，明後期耶釋之間的對話，基於對各自宗教立場的維護，也由於初
始彼此瞭解未深，相互之間充滿了誤解與意氣。張曉林認爲，「利子對佛道的
拒斥，突出地表現在對佛道觀念的理性邏輯辯駁，在這一方面，理性哲學方
法與佛道教的思維方式固然有本質的區別。但如果從宗教的角度進行比較，
即把佛道教與基督教一樣看作是一種宗教體系，看作是同樣訴諸人類非理性
能力的思想體系進行比較，則基督教與佛道教定有許多建設性的可比之處，
但這種比較恰好是利子所忽視的」〔註117〕。但正是由於相互之間的辯論，使
得雙方的差異越辯越明，這也爲雙方求同存異，避免意氣之爭，尋求調和相
處之道開啓了新的契機。兩者作爲宗教信仰，必蘊含了宗教的基本要素，其
間充滿了信仰的修持與理性的論證，相異點只在具體的操作和論證方法層
面。雙方在探求世間人生精神需求，滿足信眾的倫理道德心理需要上，有著
同樣的旨趣。只要耶釋之間，能相互尊重和理解，抱持寬容的心態，求同存
異，才能走向開放對話。

〔註116〕楊廷筠：《天釋明辨》，載吳相湘主編：《天主教東傳文獻續編》，臺北：學生
書局，1966年，第407頁。
〔註117〕張曉林：《天主實義與中國學統》，上海：學林出版社，2005年，第210頁。

第五章　利瑪竇與中西科技觀念的碰撞
——以天文算學爲例

　　晚明西方天主教士來華傳教，開啓了空前規模的中西文化交流，這不僅僅表現在宗教倫理層面的碰撞與融合，同時也是中西方科技對話的接觸和交流。作爲這一傳教事業的傑出開創者，利瑪竇對中西文化的交流做出了突出貢獻，他積極爭取上層士人的接納，力求融合儒家思想，乃至運用科技知識進行學術性傳教，不僅引導了晚明中西文化在較和平的道路上展開，也對後世產生了深遠的影響。

　　關於利瑪竇等傳教士將自然科學納入到天主教傳教活動中的做法，國內外學者有著不同的評價。大體上，在上世紀 80 年代之前，對此持貶義者爲多，認爲利瑪竇借科學知識傳教只是一種有針對性的、有選擇的傳教策略，其根本目的仍在於通過西方科學知識吸引中國士人階層的注意，進而提升傳教士在中國知識界的地位，影響皇帝，取得「中華歸主」的目的。而當今越來越多的學者對此持異議。郭熹微就提出「利瑪竇借助倫理哲學和科學傳教，有出於策略考慮的一面，但是他並不是玩弄花招引誘中國人入教」。〔註 1〕而實際上，西方科學與宗教不僅僅是手段和目的的關係，而是相互緊密聯繫在一起，對科學的探求意味著對天主教信仰的接近。

　　對晚明中西科技交流而言，效果最爲顯著的是在於天文曆算、火炮技術、醫學等等方面。本章則力求對晚明中西天文曆算交流概況做一番梳理。並對

〔註 1〕郭熹微：《試論利瑪竇的傳教方式》，見《世界宗教》，1995 年第 1 期，第 26 頁。

東西方兩種科技體系在交流中所呈現的反應做出分析。由於西方傳教士宣揚的天文曆算之學是建立在嚴密觀測和數理推理基礎上，帶有很強的實證性，自然容易獲得開明士人的贊同，而對其中所包含的神學因素則必然會遭到文化保守人士的反對，因此研究該時期天文曆算的碰撞與融合具有更重要的意義。

第一節　利瑪竇與西方天文曆算的傳播

晚明隨著西方傳教士在中國傳教工作的深入開展，科技交流也日益加深。當時西方較為流行的天文曆算日漸傳入中國，給當時沉悶的科技局面帶來一股清新之風。

一、書籍譯介

（一）算術

西方算術傳入中國的主要是以筆算為主。筆算在中國並不陌生，早在宋元時代就已經萌芽，明代從中亞地區傳入了筆算乘除法。而真正有系統地引入西方筆算，則是在明後期。其標誌性事件為《同文算指》的出版（1613）。

《同文算指》是介紹西方筆算的第一部著作，由利瑪竇和李之藻合作編譯。該書主要是依據利瑪竇的老師德國數學大師克拉維烏斯的《實用算術概論》，其間也參考了不少其它中西方數學著作，如程大位元的《算法統宗》和周述學的《神道大編曆宗算會》，可以說是一部中西算術會通之作。該書早在 1608 年已經編譯完成，利瑪竇在該年寫給耶穌會總會長阿奎維瓦的信中說〔註2〕：

> 同我交往已經五年的一位學者名叫李之藻，曾刻印我的《世界地圖》，有三尺高，六尺長，跟我學習數學已經好久了，今年再印刷《渾蓋通憲圖說》，是我恩師克拉維斯神父的 Astrolabio 的節譯本，由我口授而他筆錄，分兩卷印行。茲呈上一本，雖然您看不懂其中的內容，文體的優美，及他如何盛誇我們的科學等，但至少可看出圖案印刷的精確。現在他已回到北京，準備印刷克拉維斯恩師的《實用算術概論》（Arithmetica Practica）及《論鐘錶》（De Horologiis）

〔註2〕利瑪竇：《利瑪竇書信集》，羅漁譯，臺北：光啟出版社，1986年，第388頁。

　　　　兩書。後者也是恩師的著作，已譯為中文，他手製許多鐘錶，美觀
　　　　而又精確。
全書分為「前編」兩卷、「通編」八卷和「別編」一卷，其中前兩者是重點。
李之藻在該書序中說：「前編舉要，則思已過半；通編稍演其例，以通俚俗，
間取《九章》補綴，而卒不出原書之範圍；別編則測圓諸術，存之以待同志。」
〔註3〕前編主要論及整數及分數的四則運算，其中加、減、乘、除法的運算方
法與當代基本一致。除此之外，尚有關於分數的計算方法，與現今不同的是，
該書將分母置於分數線之上，分子置於分數線之下。直到 19 世紀末，才採用
現代的分數記法。通編為全書的中心內容，包括比例（正比例、反比例、複
比）、比例分配、盈不足問題、級數（等差級數和等比級數）、多元一次方程
組、開方（開平方、立方和多乘方）與帶從開平方等等。試將《同文算指》
的《前編》和《通編》和克拉維烏斯的原書比較，可以發現，兩者順序完全
相同，不同的是，李之藻利用西方算術方法對中國傳統的算題進行演算。

（二）幾何

　　西方幾何學是這一時期西學傳播的重點，很多幾何書籍相繼編譯，如《測
量法義》、《圓容較義》、《幾何原本》等。其中影響最大的是《幾何原本》。
　　《幾何原本》：早在韶州期間，瞿汝夔就隨同利瑪竇學習數學，並在 1592
年前後，瞿汝夔試圖將《幾何原本》翻譯成中文，但只是翻譯了一卷。〔註4〕
這成為利瑪竇在南昌、南京教授數學的範本，其中南京張養默受王肯堂派遣，
向利瑪竇學習數學知識，就自學了第一卷。利瑪竇來到北京後，就試圖與中
國士人合作翻譯《幾何原本》，認為「此書未譯，則他書俱不可得論」〔註5〕，
但效果並不理想。「利瑪竇神父就告訴過保祿（徐光啟），除非是有突出天分
的學者，沒有人能承擔這項任務並堅持到底。」〔註6〕於是，徐光啟主動擔負
起翻譯的重擔，最終翻譯完成前六卷，1607 年全書譯成刊刻。

〔註3〕李之藻：《同文算指序》，朱維錚主編：《利瑪竇中文著譯集》，上海：復旦大
　　　　學出版社，2007 年，第 650 頁。
〔註4〕利瑪竇、金尼閣：《利瑪竇中國札記》，何高濟、王遵仲、李申譯，北京：中
　　　　華書局，1983 年，第 247 頁。
〔註5〕徐光啟：《刻幾何原本序》，朱維錚主編：《利瑪竇中文著譯集》，上海：復旦
　　　　大學出版社，2007 年，第 303 頁。
〔註6〕利瑪竇：《利瑪竇中國札記》，何高濟、王遵仲、李申譯，北京：中華書局，
　　　　1983 年，第 517 頁。

　　該書是以 1574 年克拉維烏斯的《幾何原本》評注本（15 卷）爲底本，其翻譯方式類似於口譯筆受的佛經翻譯，即由利瑪竇「口傳，自以筆授焉，反覆輾轉，求和本書之意。以中夏之文重複訂正，凡三易稿」。〔註 7〕徐光啓熱情高漲，希望一鼓作氣，完成全部的翻譯，但利瑪竇認爲「請先傳此，使同志者習之。果以爲用也，而後徐計其餘」。〔註 8〕而實際上，「前六卷即可單獨成篇，爲平面幾何專論。前六卷的獨立版本在歐洲也不少見」。〔註 9〕對該書內容，四庫館學者有過簡要的評述〔註 10〕：

　　　　其書每卷有界說，有公論，有設題。界說者，先取所用名目解說之。公論者，舉其不可疑之理。設題則據所欲言之理，次第設之，先其易者，次其難者，由淺而深，由簡而繁，推之至於無以復加而後已，是爲一卷。每題有法，有解，有論，有系。法言題用，解述題意，論則發明其所以然之理，系則又有旁通者焉。卷一論三角形，卷二論線，卷三論圓，卷四論圓內外形，卷五、卷六俱論比例。其餘三角、方、圓、邊、線、面積、體積比例變化相生之義，無不曲折盡顯，絲微畢露。

第一版印本較少，主要饋贈友人，其後 1611 年徐光啓再次校對並付印，收入李之藻的《天學初函》，流傳漸廣。並在 18 世紀收入《四庫全書》，稱其「冕西術，不爲過也」。〔註 11〕

　　《測量法義》：在《幾何原本》出版的當年，利瑪竇和徐光啓合譯了《測量法義》這一應用幾何學著作，並於 1608 年完成。該書是一部關於土地測量方面的數學著作，主要分爲造器、論景和本題十五首三部份，是幾何學廣泛應用於水利工程和建築方面的典範著作。在該書的序中，徐光啓區分了「法」與「義」的差別，並認爲《幾何原本》完成後，幾何方法的義才可以被闡明，突出《測量法義》的實用性。與西方測量方法比較，徐光啓認爲《周髀算經》、《九章算術》在方法上並無本質區別，而西方數學之所以更有價值，正在於西方數學闡明了所用方法的正確性所在。

〔註 7〕徐宗澤：《明清間耶穌會士譯著提要》，上海書店，2006 年，第 262 頁。
〔註 8〕利瑪竇：《譯幾何原本引》，朱維錚主編：《利瑪竇中文著譯集》，上海：復旦大學出版社，2007 年，第 302 頁。
〔註 9〕【荷】安國風：《歐幾里得在中國：漢譯〈幾何原本〉的源流與影響》，南京：江蘇人民出版社，2008 年，第 144 頁。
〔註 10〕《四庫全書總目提要》，北京：中華書局，1997 年，第 308 頁。
〔註 11〕《四庫全書總目提要》，北京：中華書局，1997 年，第 308 頁。

《圓容較義》：該書是利瑪竇與李之藻編譯的幾何測量學著作，其底本是克拉維烏斯的一篇《論等周》的專論，包括五個定義和十八個命題。其主旨在於周長相等的所有圖形中，圓包含的面積最大；表面積相同的所有立體圖形中，球包含的體積最大。該結論是由公元前 2 世紀希臘數學家季諾多魯斯（Zenodorus）發現，後由帕普斯（Pappus）的《彙編》保留下來。在 16 世紀由克拉維烏斯等人將之進一步發展，作為一篇專論保存在著作《天球論》中。該書不僅對平面幾何做了論述，尤為可貴的是引入了西方的立體幾何。在該書最後五題中涉及到了棱錐、圓錐以及多邊形繞軸旋轉的立體幾何問題，已經超出了漢譯《幾何原本》的範圍。作為漢譯幾何測量學專著，也是利瑪竇推行傳教策略的典範，李之藻在序中將圓作為天主創世的完美體現：「造物主之化成天地也，令全覆全載，則不得不從其圓，而萬物之賦形天地也，其成大成小，亦莫不鑄形於圓。」〔註12〕此外，明末較著名的書籍尚有：《幾何用法》、《泰西算要》等。

（三）天文

《乾坤體義》：該書是利瑪竇編譯的天文學著作，分三卷，其中上卷論天體和地球構造；中卷十篇論地球與日月五行的相互關係，並在其中以「題」為名講解天文觀測的幾何原理；下卷由十八道幾何題組成，證明圓形的巨大包容性，與《圓容較義》的內容有重複之處。

該書具體出版年代已不可考，但利瑪竇生前確已經將部份篇章刻印流傳。比方其中的《四元行論》，早在南昌、南京講學中利瑪竇就批評了中國的五行觀念，「利瑪竇神父用中文寫了一篇關於這個題目的評論，文中他拋棄了他們五種元素的說法，確立了四種元素，他規定了它們的位置並以圖加以表明。這個評論有暖氣很大興趣。他們把它印了許多份，它也像他的其它著作一樣到處獲得很高的稱讚」。〔註13〕，而後馮應京在 1601 年將之重新刊印。而該書的中卷也由派學生向利瑪竇學習的王肯堂收入自己的著作《郁岡齋筆塵》，可見該書的部份章節早已經在社會上流傳。入清後該書收入《四庫全書》。作為天文學著作，該書對中國傳統天文觀念和天文觀測

〔註12〕 李之藻：《圓容較義序》，朱維錚主編：《利瑪竇中文著譯集》，上海：復旦大學出版社，2007 年，第 581 頁。

〔註13〕 利瑪竇、金尼閣：《利瑪竇中國札記》，何高濟、王遵仲、李申譯，北京：中華書局，1983 年，第 350 頁。

方法產生了很大的衝擊，爲晚明中國天文曆算變革起到了引導作用。其相關內容爲之後的《崇禎曆書》所吸收，入清後，「我朝《御製數理精蘊》，多因其說而推闡之」。〔註14〕

《渾蓋通憲圖說》：該書是由利瑪竇口授，李之藻筆述的應用天文學譯著，譯自克拉維烏斯的著作《Astrolabio》，分爲三卷。首卷總的對渾象儀及其赤道、黃道、子午線等做了界說；上卷詳細對渾天圖做了解說，諸如周天分度、按度分時、地盤長短、天頂和地平的確定、定方位、晝夜的劃分、黃道的界說等等，主要針對渾天圖的使用而言的；下卷則主要涉及確定與天象觀測有關的經星的位置，以及通過星宿來測定時間等。朱維錚先生認爲該書對中國傳統中較爲流行的蓋天說和渾天說進行了調和，但其目的並不在於弘揚和認同中國傳統宇宙觀念，而是「以克拉維烏斯所闡發的以地球爲中心的同心水晶球模式及其計算方法作爲通憲的衡量標準，從而實現否定中國傳統宇宙論的意向」。〔註15〕而從李之藻的序中可見，李之藻並沒有完全對西方天文觀念表示認可，而是「會通一二，以尊中曆，而他如分次度，以西法本自超簡，不妨異同，則亦於舊貫無改焉」。〔註16〕而這與利瑪竇寫作此書的自我期許是有一定偏差的，利瑪竇認爲：「有這些書可以看出中國人才能不凡，籍我們科學之介紹，希望對教會能有助益。」〔註17〕儘管如此，對李之藻而言，翻譯此書是符合他的「實學更自有在」的經世目的。

二、科學儀器

早在傳教初期，利瑪竇已經將西方的科學技術，作爲吸引中國士人的手段傳到中國，由於利瑪竇於 1583 年進入中國，當時第谷的天文儀器等尚未出版問世，故利瑪竇初期所帶來的儀器當屬 1578 年之前的。隨著傳教的深入，以及與歐洲的密切通信關係，相關歐洲的科技進展也相繼傳入中國。

在廣東期間，利瑪竇憑藉自己對數學和天文知識的熟悉，很自覺地將之運用到傳教活動中，加之在歐洲中世紀末期，科學與宗教的界限並不明顯，按照天主教經院哲學的解釋，對自然科學的探索，有助於教士們更好地認識

〔註14〕《四庫全書總目提要》，北京：中華書局，1997 年，第 552 頁。

〔註15〕朱維錚：《利瑪竇中文著譯集》，上海：復旦大學出版社，2007 年，第 314 頁。

〔註16〕李之藻：《渾蓋通憲圖說自序》，朱維錚：《利瑪竇中文著譯集》，上海：復旦大學出版社，2007 年，第 318 頁。

〔註17〕利瑪竇：《利瑪竇書信集》，羅漁譯，臺北：光啓出版社，1986 年，第 366 頁。

天主的完美與神聖性。利瑪竇製作鐘錶等器物，將之和地圖一起獻給肇慶知府王泮，得到王泮的讚賞。此外，「利瑪竇開始用銅和鐵製作天球儀和地球儀，用以表明天文並指出地球的形狀，他還在家裏繪製日晷或者把日晷刻在銅板上，把它們送給各個友好官員，包括總督在內。當把這些不同的器械展覽出來，把它們的目的解說清楚，指出太陽的位置、星球的軌道和地球的中心位置，這時它們的設計者和製作者就被看成是世界上的大天文學家」〔註 18〕而這一名聲在中國是有特殊含義的，精通天文的人往往和占星術、煉金術等術士聯繫在一起，故當利瑪竇「天文學家」的地位越發傳播開來，廣東部份人士被吸引信教緣由，往往是誤以為利瑪竇是有奇術，肇慶的馬丁乃至韶州期間拜利瑪竇為師的瞿汝夔，莫不如此。儘管在傳教過程中難免出現馬丁借術士名聲行騙事件的發生，但利瑪竇吸取教訓，注重對瞿汝夔的教理培養，最終使瞿汝夔歸化。這從側面可見，科技展示是有利於利瑪竇的傳教事業的。在南昌、南京期間，利瑪竇更是將之發揮到極致，向官員贈送製作的天球儀、地球儀、鐘錶、日晷、星盤、象限儀和紀限儀等，並指導求教者製作天文儀器，還用星盤和其它觀測儀器測定部份地理方位。〔註 19〕尤為重要的是，此時作為西儒的利瑪竇對儀器的製作，已經考慮如何符合中國士人的習慣，「在南昌沒幾天中我做了兩架日晷和兩個地球儀，一份給巡撫，一份為建安王。建安王為還禮送給我很貴重的禮物——金錢，據中國人的習慣是不可以拒絕不受的；送金錢給富有的人或有地位的人並不違禮。我所製的日晷上附有黃道帶十二宮與其距離，還用中文書寫一些美麗的倫理格言。很多人非常喜愛這種模型。是用熟練得雕技雕刻在黑石之上。我刻印了很多份，以便贈送給朋友。」〔註 20〕這得到南昌士人們的歡迎。1599 年，利瑪竇參觀了南京北極閣的渾象儀、渾天儀和簡儀等，使他看到了中國天文儀器的弊端和簡陋，這也促使他更堅定了早先借用天文曆算定居北京傳教的目的。1601 年，利瑪竇幾經艱難終於進入北京傳教，儘管萬曆皇帝並沒有理睬他的為大明朝「製器觀象」的意向，但利瑪竇仍然為擴大西方天文曆算的影響而不懈努力。在北京期間，隨著徐光啟和李之藻等名士相繼入教，李之藻還為自己製作了天球

〔註 18〕利瑪竇、金尼閣：《利瑪竇中國札記》，何高濟、王遵仲、李申譯，北京：中華書局，1983 年，第 183 頁。

〔註 19〕利瑪竇、金尼閣：《利瑪竇中國札記》，何高濟、王遵仲、李申譯，北京：中華書局，1983 年，第 349 頁。

〔註 20〕利瑪竇：《利瑪竇書信集》，羅漁譯，臺北：光啟出版社，1986 年，第 189 頁。

儀、地球儀和星盤等，利瑪竇越來越感覺自己的天文知識難以滿足中國士人的需求。在 1605 年，利瑪竇寫信給歐洲方面表達了內心的迫切〔註21〕：

> 我有一件事向您要求，這是我多年的希望，迄今未獲得回音。此事意義重大，有利傳教，那就是派遣以為精通天文學的神父或修士前來中國服務。……雖然我沒有很多關於天文的書籍，但利用部份曆書和葡萄牙文書籍，有時對日月蝕的推算較欽天監所推算的還準確，因此當我對他們說我缺少書籍，不能校正中國曆法時，他們往往並不相信。所以我建議，如果能拍一位天文學者來北京，可以把我們的曆法由我譯為中文，這件事為我並不難，這樣對我們教會更獲得中國人的尊敬。

而這在利瑪竇生前並沒有實現。1613 年，金尼閣奉命返回歐洲，在歐洲開始招募入華傳教士，以及相關科學書籍和儀器。1619 年 7 月，金尼閣率領 20 多名傳教士到達澳門，隨之攜帶的還有七千部書籍和相關儀器等，這成為徐光啓等人編譯曆書和製作儀器，進行曆算觀測的根據。這些書籍保存在北堂圖書館，其中尚存有大約 20 多部關於天文儀器的書籍，基本涵蓋了當時西方先進的科學技術和儀器。同時抵達的還有利瑪竇一直期盼的天文學者，比方鄧玉函、羅雅谷，湯若望等人，在天文曆算和儀器製作上皆有很深的造詣，為西方天文曆算在中國紮根做出了突出貢獻。

鄧玉函是非常博學的學者，並與當時歐洲一流的天文學者伽利略、開普勒有著密切的私人往來，來華後，與王徵合作編譯了《遠西奇器圖說》。之後，參加徐光啓主持的曆曆，進行西法的編纂和製作，尤為重要的是，首次將望眼鏡傳入中國。湯若望在 1623 年隨龍華民來到北京，成功預報了當年的月蝕，得到官方的賞識，並將西方的儀器展示給中國士人。1629 年刊佈了《遠境說》，使得中國較早地瞭解了伽利略望眼鏡的最新發明。據劉侗在《帝京景物略》（1635 年）中介紹，「遠境，狀如尺許竹箇，抽而出，出五尺許，節節玻璃，眼光過此，則視小大，視遠近」。〔註22〕

1629 年秋，徐光啓正式奉旨修曆，後由李天經接任，共分五批進呈曆算書籍，即《崇禎曆書》。該書 130 餘卷，對西方天文幾何儀器的製作做了詳細

〔註21〕利瑪竇：《利瑪竇書信集》，羅漁譯，臺北：光啓出版社，1986 年，第 301～302 頁。

〔註22〕劉侗：《帝京景物略》，北京：北京古籍出版社，1983 年。

的介紹，如《測量全義》對古三直遊儀、六環儀、象限儀、弩儀等的介紹，已經超出了利瑪竇當時的譯介範圍。但總體上，徐光啓、羅雅谷、湯若望此時尤爲推崇的是第谷的儀器，在《測量全義》中稱第谷：「所用儀器甚多，皆酌量古法、精加研審，多所創造，出人意表，體制極大，分限極精，勘驗極確。嘗自選曆器，解其造法、用法，著書一卷。近來曆學推爲名宿，於器於法多宗之」。〔註23〕而對於爲什麼明末傳教士沒有採用更爲先進的哥白尼體系的問題，中外學者有著不同的解讀，有的將之歸爲西方天主教會對哥白尼體系的嚴禁，有的將之歸爲傳教士們並不想將西方先進的科技傳入中國。對此，江曉原的評價更爲中肯，他認爲當時第谷體系，儘管在簡潔上稍遜於哥白尼體系，但在精密上過之，這是符合中國天文學家以精密判斷孰優孰劣的標準的。由此，「耶穌會士既想通過傳播西方天文學來幫助傳教，他們當然必須向中國人顯示西方天文學的優越性，這樣才能獲得中國人的欽佩和好感。那麼，他們只能、而且必須拿出在中國人也同意使用的判斷依據下爲優的東西，才能取得成功。這種東西在當時不是別的，只能是第谷天文體系。這同時也有助於說明耶穌會士爲何不採用哥白尼體系。如果他們眞的採用哥白尼體系，西方就不會有八比零的大獲全勝，就很難得到中國天文學家的中心折服。如果在精度問題上敗於中法，那西法就幾乎不可能在最終取代中法，耶穌會士的通天捷徑也就走不通了」。〔註24〕

　　清軍入關後，湯若望主動上疏多爾衮，表示願意進新法曆書及觀測儀器，成爲欽天監的主持人，之後雖有波折，但西方天文曆算基本得到了認可。

三、科學方法

　　西方傳教士將西方天文曆算傳入中國，不僅僅在於器物和書籍上，更在觀念方法上，給中國士人以全新的視野。

　　中國傳統的知識結構，是建立在「氣」、「道」等神秘體驗的整體自然觀上的，天文曆算作爲實用技能，儘管在中國得到一定的發展，但始終難以登上大雅之堂。中國士人面對自然界更多的是強調內省式的體悟，對自然界的變化作出主觀的推衍比附，通過對自然和人事的經驗、直觀的形數結合、以算爲主的模式，上升到一定的形而上的結論。儘管容易爲人接受，但是缺乏

〔註23〕《測量全義序》，四庫全書本。
〔註24〕江曉原、鈕衛星：《天文西學東漸集》，上海書店，2001年，第316頁。

必要的推理、演繹，更缺乏對抽象概念和原理的把握。儘管中國傳統的天文曆算在應用性問題上有一定的發展，但整體的數學體系缺少公理化、系統化以及符號化。而歐洲已經擴大了天文算學的研究領域，引入古希臘的邏輯知識，將數學轉變成抽象的、演繹的、符號化的思想系統。這樣，通過以實驗和觀察爲依據的經驗科學，逐漸過渡到演繹、推理的未知公式的科學。利瑪竇曾經比較中西方算學的差異，說道：「他們提出了各種各樣的命題，卻都沒有證明。這樣一種體系的結果是任何人都可以在數學上隨意馳騁自己最狂誕的想像力而不必提供確切的證明。歐幾里得則與之相反，其中承認某種不同的東西；亦即，命題是依序提出的，而且如此確切地加以證明，即使是固執的人也無法否認它們。」〔註25〕

受西方自然觀影響的傳教士，將西方的科學觀念引入到了中國，首要的在於邏輯學的引入。利瑪竇已經注意到，中西方文化在思維上的差異主要體現在邏輯方面。他說：「他們沒有邏輯規則的概念，因而處理倫理學的某些教戒時毫不考慮這一課題各個分支相互的內在聯繫。」〔註26〕而在同中國士人多次論辯中，同樣強調邏輯的重要性，可見利瑪竇對中國文化的感知是敏銳的，也看見了中國文化的弱點。故利瑪竇譯介《幾何原本》，所看重的正是其中所隱含的邏輯思想〔註27〕：

> 題論之首先標界說，次設公論，題論所據；次乃具題，題有本解，有做法，有推論，先之所徵，必後之所待。十三卷中，五百餘題，一脈貫通，卷與卷，題與題，相結倚，一先不可後，一後不可先，累累交承，至終不絕也。初言實理，至易至明，漸次積纍，終竟乃發奧微之義，若暫觀後來一二題旨，即其所言，人所難測，亦所難信，及以前題爲據，層層印證，重重開發，則義如列眉，往往釋然而失笑矣。

可見，對邏輯思維的重視，是利瑪竇引介《幾何原本》的原因之一。通過邏輯推演，使數學知識更加嚴密，也保證了結論的可靠性。在數學運算中，每

〔註25〕利瑪竇、金尼閣：《利瑪竇中國札記》，何高濟、王遵仲、李申譯，北京：中華書局，1983 年，第 517 頁。

〔註26〕利瑪竇、金尼閣：《利瑪竇中國札記》，何高濟、王遵仲、李申譯，北京：中華書局，1983 年，第 31 頁。

〔註27〕利瑪竇：《譯幾何原本引》，朱維錚：《利瑪竇中文著譯集》，上海：復旦大學出版社，2007 年，第 301 頁。

一個公式、定理都必須通過少數已知的條件，經邏輯推理和嚴密的證明才可以確立。這樣，數學的推理步驟，經過嚴格遵守形式邏輯的法則，確保從前提到結論的推導過程中，每一個步驟都正確無誤地推演。徐光啓對此深表認同，他認爲：「能通幾何之學，縝密甚矣，故率天下之人而歸於實用者，是或其所由之道也。」〔註 28〕正因此，在晚明的士人眼中，該書才「牟冕西術，不爲過矣」。

　　相對於《幾何原本》，《名理探》更加直接地表現了西方形式邏輯的體系。該書來自亞里斯多德邏輯學的著作，由李之藻與耶穌會士傅凡際合作譯出，刊刻於 1631 年。李之藻意識到了邏輯學的重要性，多次談到：「學之眞，由其論之確，而其推論規則，皆名理探所設也。賴有此具，以得貫通諸學，實信其確，眞實從此開焉。」〔註 29〕李天經在序中也論及：「其爲學也，分三大論以準於明悟之用。蓋明悟之用凡三：一直，二斷，三推。《名理探》第一端論所以輔明悟於直用也；第二端論所以輔明悟於斷用也；第三端論所以輔明悟於推用也。三論明而名理出。」〔註 30〕這爲中國近代邏輯學的發展提供了契機。

　　除了對邏輯推理的強調外，西方的實證與測驗方法也相繼引入中國。早在利瑪竇入華之前，利瑪竇對來到東方所經路線進行了天文地理觀測。在進入中國後，對所經過城市的經緯度做了精確的測量，如對運河沿線的南京、揚州、臨清、濟寧、天津、北京等，「這糾正了那些只憑想像認爲北京位於緯度 50 度的人的錯誤」〔註 31〕。來到北京後，對契丹即是中國的傳說更加確信不疑，但這並沒有消除歐洲人的懷疑，直到鄂本篤修士經陸路來到陝西等地，才最終確認了契丹是中國的結論，這也驗證了利瑪竇通過實際觀測所做結論的正確性。不僅如此，利瑪竇將實證方法廣泛運用到傳教過程中，在與黃洪恩爭辯宇宙本體論時，利瑪竇讓黃洪恩當場創造出一個火爐，以驗證佛教的創造說，藉此反駁佛教的荒謬，並指出中國士人缺乏邏輯法則。〔註 32〕在得

〔註 28〕利瑪竇：《譯幾何原本引》，朱維錚：《利瑪竇中文著譯集》，上海：復旦大學出版社，2007 年，第 305 頁。
〔註 29〕傅凡際譯：《名理探》，北京：中華書局，1959 年，第 6 頁。
〔註 30〕傅凡際譯：《名理探》，北京：中華書局，1959 年，第 8 頁。
〔註 31〕利瑪竇、金尼閣：《利瑪竇中國札記》，何高濟、王遵仲、李申譯，北京：中華書局，1983 年，第 328 頁。
〔註 32〕利瑪竇、金尼閣：《利瑪竇中國札記》，何高濟、王遵仲、李申譯，北京：中華書局，1983 年，第 367 頁。

知開封有猶太團體存在時，利瑪竇派遣徐必澄修士去開封調查情況，以尋找中國天主教更久遠的遺跡，藉此說明天主教在中國並非新近傳入的，增強在華存在的合理性，這種護教方法爲之後的天主教徒所繼承。

而在天文曆算中，對實證和測驗的強調也是十分必要的，曆法的推算必須經過實際的天文觀測，檢測無誤方可得到承認，而這對天主教成功在華傳教意義重大。徐光啓主持曆曆期間，面對中國知曆者對西曆精確性的刁難，即開展日月食觀測，以證明推算的正確性，將西曆的優越性展示在中國傳統士人面前。所有的觀測資料均見於奏疏，計有：崇禎三年（1630）五月十五日及十月十七日的月食，崇禎四年（1631）十月初一日的日食，五年（1632）三月十六日的月食，同年九月十四日的月食。每次均推測其初虧、食甚、復圓的分秒時刻 2 起複方位，見食與不見食之區域，全國見食各區域的分秒時刻等。在崇禎七年（1634）八月十六日的月食，李天經等奏疏派遣朱國壽等人前往登州測驗。經過諸多實地天文測算，以與舊法對比，徐光啓認爲：「每交食時，臣曾題請身往測候，必得其眞時刻，眞分數，少有參錯。又因而究其所以然，然後目前辯難可據以剖析，異時推步可用以尋求矣。」〔註33〕正是借助多次的天文觀測，徐光啓才能比較出三種曆法的孰優孰劣之處，「緣此微差，溯厥因起，別求新意，據理改定」。〔註34〕雖然新法並沒有被崇禎皇帝採納，但入清之後爲湯若望進呈清帝，爲西法正式取代中法奠定了基礎。

西方注重實證和測驗，在中國士人中也得到了積極回應，淩廷堪指出：「西人言天者皆得諸實測，猶之漢儒注經必本諸目驗，若棄實測而舉陳言以駁之，則去嚮壁虛造者幾希，何以關其口乎？」〔註35〕對中國缺少實證的傳統提出批評。楊廷筠認爲：「天之示象以文，天文之運，遲速縱橫亙古不易，各不同候。一天不能有二動，故以候察之，知其有各天也。而所測裏分，自上古博學通儒，立法推測，國人習之，在地上者已盡驗矣。天上隔懸，今何由斷，直須到彼，方信不疑耳。」〔註36〕正是這一時期中國士人開始關注實證性研究，以便克服中國傳統哲學的非思辨和獨斷性的特點，表現了晚明士人在西法影響下，對科學實證觀的追求。

〔註33〕徐光啓：《徐光啓集》，王重民輯校，上海古籍出版社，1984年，第409頁。
〔註34〕徐光啓：《徐光啓集》，王重民輯校，上海古籍出版社，1984年，第415頁。
〔註35〕淩廷堪：《校禮堂文集》卷二十四，北京：中華書局，1998年，第219頁。
〔註36〕楊廷筠：《代疑篇》，吳相湘主編：《天主教東傳文獻》，臺北：學生書局，1964年，第551頁。

第二節 晚明士人對西方科技的吸納

晚明士人階層對西方科技的輸入有著各異的理解，既有對西方技藝持有鄙夷態度，也有面對「西夷」科技的高超所表現出的恐慌和不知所措的茫然感。但在這種傳統的觀念中，開明之士面對國家危局，日益表現出對西方技藝的認同，積極合作翻譯書籍，爲中國科技的變革努力探索。

一、保守士人的拒斥

西方天文曆算的傳入對中國保守勢力而言，是對中華秩序的嚴重侵犯，接連在南京教案、福建教案，乃至修曆過程中進行拒斥和阻撓，對中西科技交流影響是消極的。

（一）犯禁私習天文

針對明代有私習天文的禁令，以維護帝王統治的神秘及合法性，故對傳統士人而言，無論修曆還是引進西曆，都是十分愼重的事情，正所謂：「稽祖宗令申，私習天文有禁，私通海外諸夷有禁，蓋防微杜漸慮至深遠也。」〔註 37〕

沈□認爲，西曆危害大明的綱維統紀：「舉堯舜以來中國相傳綱維統紀之最大者，而欲變亂之。此爲奉若天道乎，抑亦妄干天道乎？以此名曰慕義而來，此爲歸順王化乎，抑亦暗傷王化乎？夫使其所言天體，不異乎中國？臣猶慮其立法不同，推步未必相合。況誕妄不經若此，而可據以紛更祖宗欽定、聖賢世守之大統曆法乎？」〔註 38〕並在《拿獲邪黨後告示題解》中對此作了詳細的敘述〔註 39〕：

> 一、《大明律》有私習天文之禁，正謂《大統曆法》爲萬世不刊之典，惟恐後世有奸宄之徒，威侮五行，逆天倍法者，創爲邪說，以淆亂之也，故預嚴其防耳。凡我臣子，皆凜凜奉若，不敢二三。而狡夷突來，明犯我禁，私藏另造渾天儀等器，甚至爲七政七重天

〔註 37〕沈□：《會審王豐肅等犯一案並移諮》，徐昌治《破邪集》，香港：宜道出版社，1996 年。

〔註 38〕沈□：《南宮署牘題解》，徐昌治《破邪集》，香港：宜道出版社，1996 年，第 51 頁。

〔註 39〕沈□：《拿獲邪黨後告示題解》，徐昌治《破邪集》，香港：宜道出版社，1996 年，第 117 頁。

之說，舉天體而欲決裂之。然則天下何事非可以顛倒誑惑者耶？無論百里不同風，千里不同晷，九萬里之外，晷影長短懸殊，不可以彼格此。目今聖明正御，三光順度，晦朔弦望，不愆於月，分至啟閉，不愆於時，亦何故須更曆法，而故以為狡夷地耶？

> 一、《大明律》禁私家告天，書符咒水，隱藏圖像，燒香集眾，夜聚曉散等款。今彼夷稱天主，誘人大瞻禮、小瞻禮名色，不為私家告天乎？從其教者，灑之以水曰「灑聖水」，擦以油曰「擦聖油」，不為書符咒水乎？其每月房、虛、星、昴、大小瞻禮等日，俱三更聚集，天明散去，不為夜聚曉散乎？種種邪術，煽惑人民，豈可容於堯舜之世？

可見，對西方傳教士私習天文違禁，更加著眼於維護大明的統治秩序，並將之視作邪教妖術。

《四宿引證》的作者對此表達得更為明瞭，將本來事關自然科學的天文現象與王朝興衰相聯繫，把天主教以房、星、昴、虛四日為聚會的日期，誤解為天主教在主日崇拜時要對房、星、昴、虛四星稽首，進而運用中國天文學的理論證明：西夷祝願昴宿，是希望胡虜兵大起；祝願房星，是希望亂臣謀害，殃及萬里；祝願星宿，是希望天下虛空，胡兵四起；拜彗星則是希望天下革命，布新除舊，以此來說明西夷的險惡用心。〔註40〕

鍾始聲則將之上升到華夷秩序理論高度予以排斥〔註41〕：

> 吾亦聞汝之根底矣，生於近香山蠻之小國，聰明奸宄，意在覬覦中原神器，故泛海潛至嶺南，先學此方聲字，然後竊讀三教群書，牽佛附儒，杜撰扭捏，創此邪教，以為惑世誣民、蠹壞國運之本。
>
> 自謂絕淫不娶，而以領聖水之妄說，誘彼愚夫愚婦私行穢鄙。

由此可見，當時反教人士較少地從西方科技的實用性考慮是否引進，而是更加著眼於是否有利於王朝的統治、華夏秩序的穩定。聯繫到晚明社會的緊張形勢，尤其是地下社會的興盛，加劇了這種猜測。陳懿典認為，西方天文器具具備邪教密器的功能，容易惑眾滋事：「且其徒眾日繁，金錢符水，既足煽

〔註40〕謝宮花：《四宿引證》，徐昌治：《破邪集》，香港：宜道出版社，1996 年，第213 頁。

〔註41〕鍾始聲：《辟邪集》天學再徵，吳相湘主編：《天主教東傳文獻續編》，臺北：學生書局，1966 年，第 950 頁。

誘愚民；異教秘器，稱天測象，又足以動士大夫好怪耽奇之聽。於此不竭力掃除，爲虎不摧，爲蛇奈何如？」而耶穌會士在傳教過程中的一些做法，也讓人產生懷疑，將之比作民間教派〔註42〕：

> 夷人煽惑愚民，從其教者，每人與銀三兩。此係民間歌謠遍傳者，而遠聽之君子，豈能入彼窟穴？探彼蓋藏，遂身任其咎，曲證爲借貸乎？或曰：「人未有不自愛其鼎者，獨疑彼夷有禁咒之術，是以不得已而護之。」不知彼鬼術者，只可在魑魅之邦騙下愚耳，豈能行於大明之世？

對於這種危險行爲，反教人士普遍認爲必須加以嚴禁，張廣湉認爲，對於西方傳教士的私習天文行爲，應該採取措施，「嚴剖厥其書」。〔註43〕與之相比，蔣德璟在《破邪集序》中則要和緩得多：「李文節曰：『退之〈原道〉其功甚偉，第未聞明先王之道以道之。而輒廬其居，亦不必。』予因以此意廣黃君。而復歎邪說之行，能使愚民爲所惑，皆吾未能明先王之道之咎，而非邪說與愚民之咎也。白蓮、聞香諸教，入其黨者駢首就戮，意竊哀之。然則黃君破邪之書，其亦哀西士而思以全之歟？即謂有功於西士可矣。」〔註44〕

而最有代表的是許大受，他將西技視作淫巧讖緯：「竊料我邦士民聰明正直，豈難熄此一磷？第好奇者務採謬言爲新理，見小者思藉淫巧爲用資，最下則眩其輦璧燒茅貪泉金穴。而未究其無君無父、傷俗斁倫之情狀，故致爾爾。……凡有目者，皆見日月之大，而彼偏小之；皆見三光共繫一天，而彼偏多之。小日是小王也，多天是多帝也，彼豈以是寓玩侮中國之讖歟。」不僅如此，許大受站在華夷之辯的角度，認爲中曆不可變更〔註45〕：

> 伏讀之下，深有以識聖祖內華外夷之大經大法，確不可更也。夫當草昧初造，則兼集四夷之長，及治定功成，而知不可以訓後世，則直削夷官之號。且當時由徵入，不由潛入。今回回一種，自秘其法，而不敢以賺惑一人，則由聖祖之制馭精而照臨遠也。逮我神皇，

〔註42〕《拿獲邪黨後告示題解》，徐昌治《破邪集》，香港：宜道出版社，1996年，第118頁。

〔註43〕張廣湉：《辟邪摘要略議》，徐昌治《破邪集》，香港：宜道出版社，1996年，第276頁。

〔註44〕蔣德璟：《破邪集序》，徐昌治《破邪集》，香港：宜道出版社，1996年，第140頁。

〔註45〕許大受：《聖朝佐闢》，徐昌治《破邪集》，香港：宜道出版社，1996年，第224～225頁。

初容瑪竇，後嚴逐之，家法相承與高皇若合符節。爲臣子者，寧不
當遠稽近憲，世世桌之哉！奈何才見異類，聞異言，輒驚怖之，而
聽熒心醉，復容其逼處耶？

……

乃彼欲尊夷輩，至辛酉河清，壬戌鳳見，爲彼邪人之瑞。夫今
上亶聰神武，眞天所啓，至德大治，難盡名言。則夫河清豈非海晏
之開先，鳳見實是龍飛之回應，何物逆黨，敢指爲夷瑞哉！況吾夫
子之至聖，而鳳不至，圖不出，麟不爲遊而爲獲，則河清鳳見之不
爲師兆，而但爲君兆，又明矣，夷奈何而敢言此？

而許大受的出發點，正是針對明末北有滿洲勢力的崛起，南有海外殖民勢力
的進犯，內有社會擾亂事件的頻發，面對這一嚴峻國內國際環境，促使有文
化民族意識的中國士人不得不對之加以警惕。但誤解在於，他們將政治勢力
的侵犯與先進文化的引進相提並論，則是不可取的。許大受就集中表達了此
種狹隘的文化觀：

嗟嗟！周之獫狁，漢之冒頓，唐之突厥，宋之女眞，夷氛雖惡，
天下尚知其爲夷。蚩尤之霧，勝、廣之狐，黃巾之占風，白蓮之詛
社，妖禍雖煽，天下尚知其爲妖。唯此一邪流者，直謂三五不足尊，
宣尼不足法，鬼神不足畏，父母不足親，獨彼誑邪爲至尊至親，可
畏可謟，是以新莽天生之狡智，肆蠻夷魑魅之兩毒者也。況自開闢
來，惟我高皇帝掃腥膻，而還華夏，故尚論者，謂功高萬古。彼徒
乃即以高皇帝之聖子神孫，金甌世界，而復欲沼華夏，而再腥膻。
豈非千古未聞之大逆哉！

（二）夷技不足尚

針對西方技術和器具的優越，中國文化保守士人也對此表示不屑：

沈淮認爲西器怪誕迂闊，與中國曆器相去甚遠：「即所私創渾天
儀、自鳴鐘之類，俱怪誕不准於繩，迂闊無當於用。嘗考堯舜之世，
有『璿璣玉衡，以齊七政』之法。歷代相傳，有銅壺滴漏以測晷刻
之法，豈無穎異？如王豐肅、龐迪峨等，其人絕不聞有此規制也。」

〔註46〕

〔註46〕 沈□：《會審王豐肅等犯一案並移諮》，徐昌治：《破邪集》，香港：宜道出版
社，1996 年，第 81 頁。

相比於沈□，魏濬要謙虛得多，他認爲，西方測驗之器具只是在方法上優於中國：「瑪竇所製測驗之器，謂之自鳴鐘者，極其精巧，此自是人力所能，如古雞鳴枕之類耳。予嘗細析而觀之，大要在兩大輪卷鐵暗匣輪中，而貫之以軸，鐵不受卷必展，則設機以制之，使不得展，而轉極微細，又設數輪相承，以次漸小漸密，鐵輪微轉，亦以次相促，而漸催漸急，數盈則觸機而機脫，迅疾如風。輪上設杵十二如乳，杵至則刮其挺擊鐘，疏密皆有次第。然鐵既受卷，久之則性亦稍緩，不能與時合，又須再卷使急，大約每日定須一整。整時須藉日影爲準，倘連日陰晦，則無從取定矣，但其法簡於壺漏耳。」但總體上，魏濬對西方天學是持批判態度的〔註47〕：

> 所著《輿地全圖》，及洸洋宜渺，直欺人以其目之所不能見，足
> 之所不能至，無可按驗耳，眞所謂畫工之畫鬼魅也。毋論其它，且
> 如中國於全圖之中，居稍偏西而近於北。試於夜分仰觀，北極樞星
> 乃在子分，則中國當居正中，而圖置稍西，全屬無謂。古以陽城爲
> 天地之中，若專論地中，則應在崑崙高處。第偏東，地少海多；偏
> 西，地多海少。……

對於西方科學，魏濬顯然是有隔閡的。即使利瑪竇有意將中國置於地圖中央，只因稍微不合，即遭到貶抑，更何況在大航海時代，隨著航行實踐，地圖的繪製基本是可靠的，而保守士人拘泥於舊知，不思革新，反相攻擊。李璨則認爲西器不出儒學範圍：「前者搖煽金陵，已蒙聖祖屏放。近復舉其伎倆一二：如星文律器，稱爲中土之所未見未聞，竄圖訂用，包藏禍萌。不思此等技藝，原在吾儒覆載之中。」〔註48〕此可謂是「中器西竊」論的典型代表。

相比之下，許大受對西方技藝的批判更加猛烈，針對中國開明士人借西方技術經世利民的做法，許大受則將之與中國技藝相比較：

> 子不聞夫輪攻墨守乎？輪巧矣，九攻九卻，而墨又巧焉，何嘗
> 讓巧於夷狄？又不聞夫巧輗拙鳶，及楮葉棘猴之不足貴，與夫修渾
> 沌氏之術者之見取於仲尼乎，縱巧亦何益於身心？今按彼自鳴鐘，
> 不過定刻漏耳，費數十金爲之，有何大益？桔橰之制，曰人力省耳，

〔註47〕魏濬：《利説荒唐惑世題解》，徐昌治：《破邪集》，香港：宜道出版社，1996年，第183～184頁。

〔註48〕李璨：《辟邪説》，徐昌治：《破邪集》，香港：宜道出版社，1996年，第271頁。

　　乃爲之最難，成之易敗，不反耗金錢乎？火車等器，未能殲敵，先
　　已火人，此又安足尚乎？嘗有從彼之人，以短視眼鏡示余，余罩眼
　　試之，目力果加一倍。歸舟時，但切念曰，罩此鏡，瞩便遙，可見
　　吾性無處不遍，隔遠近者，特形耳。

這裡顯示出以許大受爲代表的傳統士人的迂闊，即西方技藝對明庭捉襟見肘
的財政而言是無端的浪費，且不利於人身的道德修養，流於玩物尚志，所以
許大受才發出「吾性無處不遍，隔遠近者，特形耳」的感念，看似滑稽，實
則可歎。即使到晚清，面對西方先進技藝，保守士人的識見和話語，仍不脫
晚明士人所批判的範圍。

　　除了對器物的拒斥，保守士人更集中在對西方曆法的批判上。如林啓陸
《誅夷論略》認爲修曆是荒誕的〔註49〕：

　　謂星一天，日月一天，不相躔次，誕一。

　　又謂地形如雞旦黃精，上下四旁，人可居住，足踵相對。人可
　　旋轉而走，遂以本天親上，本地親下。此二語，謬會其理以欺愚頑，
　　誕二。

　　又云彼嘗從日邊來，利瑪竇嘗旋轉一周，誕三。

　　……夫堯治世，必以治曆明時，爲國家之首務。而此輩之擅入
　　我大明，即欲改移曆法，此其變亂治統，覬圖神器，極古今之大妄，
　　誕四也。

林啓陸的「四荒誕」說，前三種出於無知，與魏濬的識見相差無幾，可見在
當時具有相當代表性。而後一種則論述甚詳，也實爲其要害，即所謂「變亂
治統，覬圖神器」，其依據則在於西曆不「置閏」。林啓陸認爲，傳統的中曆
置閏關係到治統的穩定和等級秩序的維護，治曆明時也就成爲皇帝獨享的權
力的體現，設閏而不置，也就意味著變亂治統，秩序的混亂。即如同時代的
許大受所言：「今夷拂歲不成，則閏不必置。閏既不置，則節序自移。以此欺
世，而謂夷曆獨精，眞可笑之極矣。縱使果精，當由上定，倘無詔旨，則不
敢行，此不倍之定理。況夏殷周，雖更三正，不改四時。即建亥之朝，後世
不以正統目之，而一時黔首，亦無敢違秦政之正朔。況我大明，一統萬國，

〔註49〕林啓陸：《誅夷論略》，徐昌治：《破邪集》，香港：宜道出版社，1996年，第
　　　284頁。

行夏之時。庶邦小君，罔不從化，而居內地為良民者，敢從私曆，不知當論何罪？」〔註50〕

謝宮花對西曆的棄閏說與華夷之辨相結合加以批判〔註51〕：

> 如西夷之邪說謂閏可棄，是唐之欽天，易之繫辭，中國千古之帝王卿相、神聖賢哲、大識大見，皆在醜類下也。是耶，非耶？夫我明大統曆兼參諸曆之長，行之萬世無弊。我太祖立欽天監內臺，分科各習一藝，專精象占，無得差移。至今而日推算有失，不能如劉國師之準，則當治欽天監內臺糜祿之罪也。

不僅曆法曆器，作為有資民用的水利也遭到質疑，李王庭質疑西方水法：「更可異者，水法一節，必於邊外石田用之。夫石田可用，則中都旱田亦可用也，並中都山田亦無不可用也。乃必試於邊，豈水生於石乎？此又不過以難能之事荒惑今人，料今士大夫所日悸者，漕運之艱，故倡為此說，以傾動世耳。曾思真真經濟，無地不效其實用，豈待託之遐荒以文其拙耶？」〔註52〕可見，在經世目的上與西學派並無分歧，則重在有無實效。當時水法用於邊外，主要是出於屯田種植水稻，增加軍隊軍糧儲備而言，而也確實取得了一定的成效，做到了地盡其用，李王庭的質疑則顯得過於牽強。

二、經世名儒選擇性吸收

當時，也有部份士人開始重視西學，但並不是抱有完全信服的態度，而是在保持中國舊有文化傳統的前提下，有所選擇第吸收西學，開了「西學中源」和「中體西用」的先河。

晚明士人主要對西學技藝表示好奇，吳中明認為：「山人淡然無求，冥修敬天，朝夕自盟以無妄念、無妄動、無妄言。至所著天與日、月、星遠大之數，雖未易了，然其說或自有據，並載之以待知者。」〔註53〕楊景淳

〔註50〕許大受：《聖朝佐闢》，徐昌治《破邪集》，香港：宜道出版社，1996年，第227頁。

〔註51〕謝宮花：《曆法論》，徐昌治《破邪集》，香港：宜道出版社，1996年，第307頁。

〔註52〕李王庭：《誅邪顯據錄》，徐昌治《破邪集》，香港：宜道出版社，1996年，第227頁。

〔註53〕吳中明：《坤輿萬國全圖跋》，載朱維錚主編《利瑪竇中文著譯集》，上海：復旦大學出版社，2007年，第223頁。

也認爲西方世界觀念較爲先進：「此圖一出而範圍者籍以鉅集其規模，博雅者緣以廣其玄矚，超然遠覽者亦信太倉米、馬體毫末之非欷語，寧獨與談天蝸角之論、悠謬之見並眎之也。」〔註54〕對晚明士人而言，這種異域的知識是前所未聞的，自然要懷著敬畏的心情接觸，「余未爲聞道，獨於有道之言嗜如饑渴，故不覺津津之如此。如以余之敍茲圖也，而並以余爲知言，則余愧矣」〔註55〕。鄭以偉也因爲沒有閑暇學習西學深感遺憾，「大都西洋之學尊天而貴神，其餘伎復善曆算，精於勾股，予每欲學而苦不得暇，至其言物理，則願與之相與質難於無窮，而此不具論，論其水法如此」〔註56〕，表示與西方窮理之學相與論辯的願望，顯示出部份士人對西學的溝通的一面。但往往流於表面的認知，部份士人對待西學也是淺嘗則止，楊廷筠對此表示不滿：「西人引人歸向天帝，往往借事爲梯，注述多端，皆有深意，而是編則用悅耳娛目之玩，以觸人之心靈，言甚近、指甚遠，彼淺嘗者第認爲輶軒之雜錄、博物之談資，則還珠而買櫝者也。」〔註57〕但也有持「節取」心態的士人，敢於擺脫傳統學術的束縛，勇於主動學習體認。熊明遇受西學影響頗深，其論著《格致草》受到利瑪竇《乾坤體義》、《坤輿萬國全圖》，李之藻《天學初函》理器編，徐光啓《崇禎曆書》等影響，他將西方傳教士稱讚爲「豪傑之士」，並說：「西域歐羅巴國人，四泛大海，周遭地輪，上窺玄象，下采風謠，匯合成書，然理解。仲尼問官於郯子曰：天下失官，學在四夷，其語猶信。」〔註58〕熊明遇借孔子問郯的典故，表達了向西士虛心求教的意願。

而也有部份士人開始提出「補益」的思路。周子愚則意識到，要將西學補益中國格致之學的不足，「圭表我中國本監雖有之，然無其書，理未窮、用未著也，余見大西洋諸先生，其諸書內具有此法，請於龍精華先生譯其書，

〔註54〕 楊景淳：《坤輿萬國全圖跋》，載朱維錚主編《利瑪竇中文著譯集》，上海：復旦大學出版社，2007年，第224頁。

〔註55〕 祁光宗：《坤輿萬國全圖跋》，載朱維錚主編《利瑪竇中文著譯集》，上海：復旦大學出版社，2007年，第226頁。

〔註56〕 鄭以偉：《泰西水法序》，載徐宗澤：《明清間耶穌會士譯著提要》，上海書店，2006年，第244頁。

〔註57〕 楊廷筠：《職方外紀序》，載艾儒略：《職方外紀》，北京：中華書局，2000年，第7頁。

〔註58〕 熊明遇：《表度說序》，載徐宗澤：《明清間耶穌會士譯著提要》，上海書店，2006年，第218頁。

以補本典，用備曆元」〔註59〕。熊明遇在《表度說序》中表達了同樣的觀點：
「西方之儒之書，持之有故、言之成理……倘祠官採譯以聞，太史氏參伍刊
定，以補臺監之不及，將三辰定於次，四時定於紀，舉正歸餘，直媲美乎黃
軒之曆矣，何漢唐之足云。」〔註60〕但熊明遇更明確地提出了西學中源的思
想，在其《格致草》中，在每一節介紹西方科技後，附有「格言考信」，將「散
見於載籍而事理之確然有據」的聖人之言一一匯輯，說明西學源自中國。並
對西學如何傳自中國進行了考述：「上古之時，六府不失其官，重黎氏世敘天
地而別其分主。其後，三苗復九黎之亂德，重黎子孫竄於西域，故今天官之
學，裔土有顓門。」〔註61〕熊明遇的態度深深影響了當時的士人，如他的好
友方孔炤就認爲：「萬曆中，有歐羅巴人利瑪竇浮海歷諸國而至。夫天九重、
地如球，自黃帝《素問》、周公《周髀》、邵子、朱子、沈存中、吳幼清，皆
明地爲浮空不墜之形，大氣舉之。則其言皆中國先聖先賢所已言者。」〔註62〕
方孔炤的兒子方以智，更是繼承並發展了其父的學說，但更加具有批判精神。
在著作中，方以智引用了大量的西方科學知識，並將世間學問分爲「質測」、
「宰理」、「通幾」，認識到了質測與通幾的辯證關係。此外，他也對西學具有
懷疑精神，對西方科學多有指責，曾批評利瑪竇的宇宙觀：「其言日大於地，
以地影盡而言之也。不知光嘗肥，影嘗瘦，不可以直線取」。利氏所言是指日
輪與地球的體積的比較，而不像方以智所言的直徑，顯然方以智有誤。儘管
方以智在科學觀上有明顯的進步，但是仍難擺脫華夏中心觀的窠臼，「智每因
邵蔡爲嚆矢，徵河洛之通符，借遠西爲郯子，申禹周之矩積」〔註63〕。可見
方以智的矛盾與在中西科學上的徘徊心理，正如「九天之名，分析於《太玄》，
詳於吳草廬，核實於利西江，……吳草廬澄始論天之體實九層，至利西江入
中國而暢言之」〔註64〕。集中表達了此種心態，此處利西江即爲利瑪竇，西
江作爲利瑪竇首次進入內陸的地區，方以智以之作爲利瑪竇的說號。

〔註59〕周子愚：《表度說序》，載徐宗澤：《明清間耶穌會士譯著提要》，上海書店，
　　　　2006年，第217頁。
〔註60〕熊明遇：《表度說序》，載徐宗澤：《明清間耶穌會士譯著提要》，上海書店，
　　　　2006年，第218頁。
〔註61〕熊明遇：《函宇通》，國家圖書館。
〔註62〕方孔炤：《周易時論合編》，《圖像儀表》卷七，續四庫全書本。
〔註63〕方以智：《物理小識》總論，清光緒寧靜堂刻本。
〔註64〕方以智：《通雅》卷一一曆類，四庫全書本。

到明末，中國士人的「節取」思想已經有所退步。儘管禮學名家張爾岐承認「趙緣督有測經度法、測緯度法，詳具《革象曆書》。利氏測驗，更為便巧」，但對西學的整體趨向是保守的：「曆象器算是其所長，君子固當節取。若論道術，吾自守吾家法可耳。」〔註65〕在他看來，中國儒家道統足以滿足個人道德修養，而曆算等技藝只是作為補充，須當節取，不可為其所迷戀，走向信仰西方道術的境地。這與當時滿清入關，華夷之辨加強有明顯的關係。明末三大家顧炎武、黃宗羲、王夫之均從華夷之辨立場力排西學。如黃宗羲雖然認識到西學的優越性，但西學對與儒家華夷之辨觀念有矛盾表示不滿，提出「中學西竊」說：「勾股之學，其精為容圓、測圓、割圓，皆周公、商高之遺術，六藝之一也。……西洋改容圓為矩度，測圓為違失，皆不知二五之為十者也。」〔註66〕徐海松對此有過精彩的評價：「黃宗羲的思想方法是錯誤的，對會通中西的實踐也有很大的消極作用。因為按照黃宗羲的思想邏輯，西學乃中國古已有之，那麼必然會匯出與其學習西方科學，不如求諸傳統舊學的結論，從而導致否認西方異質文化有何啟示作用與利用價值。這說明，黃宗羲中學西竊說的思想方法不僅不能引導清初知識界走向振興中國科學的道路，而且為深層次的中西文化交流設置了障礙，甚至會重新陷入自我封閉的狀態。」〔註67〕同時，當時一流思想家對西學的排拒，也表明清初士人西學觀趨向保守，晚明多元開放包容的氣氛已經漸漸退卻。

三、開明人士的吸納

明後期，面對傳統科技的發展困局，以及開明士人積極探索經世致用之道的實際需要，除了向傳統的思想文化尋求資源外，對異域文明的科技文化也表現出積極的回應，力求調和中西科技，為傳統科技發展開闢新的道路。其中，引進西學最為積極的當數徐光啟、李之藻。

（一）會通以求超勝

早在入教之前，徐光啟就已經萌發了科學思想，對傳統的數學進行研究，並身體力行，進行科學觀測活動。在呈送上海知縣劉一廣的《量算河工及測

〔註65〕張爾岐《蒿庵閒話》卷一，濟南：齊魯書社，1991年，第300頁。

〔註66〕黃宗羲：《吾悔集》卷二，見《黃宗羲全集》（10），浙江古籍出版社，2005年，第37頁。

〔註67〕徐海松：《清初士人與西學》，北京：宗教文化出版社，2000年，第305頁。

量地勢法》中，徐光啓對開河的長度寬度、起土方數量、測驗河床河岸的地勢、制定河水潮汐變化的水量，均運用了傳統的勾股測深法進行測量。〔註68〕但在實踐中，徐光啓逐漸看出傳統數學的弊端，「漢以來多任意揣摩，如盲人射的，虛發無效，或依擬形似，如持螢燭像，得首失尾，至於今而此道盡廢，有不得不廢者矣」。〔註69〕故針對中國科技的弊端，徐光啓入教之後提出引進西方算學方法，譯介書籍，以補中法之不足。《幾何原本》正是在此種動機下翻譯的，以彌補中法所缺失的演繹邏輯。

　　而對西學的引進，與徐光啓提倡經世之學是分不開的。以天啓元年開始承擔修改曆法為例，徐光啓就已經擺明立場：「昨歲偶以多言之故，謬用曆法見推，初意亦知其難，等此事三百年來，無人推究，如偶有所見，而復爾推委，似非古人進不隱賢之義，是故有相諮問者，不敢不竭盡底裏。自後又不得不向此中一研究，而精力未及，又無佐史可分，益令萬事都廢。自惟欲遂以此畢力，並應酬文墨一併除矣。何者？今世作文集至百千萬言者非乏，而為我所為者無一有；歷雖無切於用，未必更無用於今之詩文也。況弟輩所為曆算之學，漸次推廣，更有百年有用之學出焉。」〔註70〕

　　對中西科技的孰優孰劣，徐光啓是清醒的，主張博採眾長，中西匯通。徐光啓在進行曆法改革時就曾表示：「臣等愚心，以為欲求超勝，必須會通，會通之前，先需翻譯。蓋大統書籍絕少，而西法至為詳備，且又近數年間所定，其青於藍，寒於水者，十倍前人，又皆隨地測，隨時異用，故可為目前必驗之法，又可為二三百年不易之法，又可為二三百年後測審差數因而更改之法。又可令今後之人循習曉暢，因而求進，當復更勝於今也。翻譯既有端緒，然後令甄明大統、深知法意者，參詳考定，鎔彼方之材質，入大統之型模；譬如作室者，規範尺寸，一一如前，而木石瓦甓皆精好，百千萬年必無敝壞。即尊制同文，合之雙美，聖朝之巨典，可以遠邁百王，垂貽永世。且於高皇帝之遺意，為後先合轍，善作善承矣。」〔註71〕正是這種「會通以求

〔註68〕徐光啓：《徐光啓集》，王重民輯校，上海古籍出版社，1984年，第57～62頁。

〔註69〕徐光啓：《刻幾何原本序》，《徐光啓集》，王重民輯校，上海古籍出版社，1984年，第75頁。

〔註70〕徐光啓：《致老親家書》，《徐光啓集》，王重民輯校，上海古籍出版社，1984年，第497頁。

〔註71〕徐光啓：《曆書總目表》，《徐光啓集》，王重民輯校，上海古籍出版社，1984年，第374～375頁。

超勝」的胸懷，致使徐光啓主持曆曆，廣泛訪取精通天文曆算之人，並制定嚴格的審查標準和編纂曆書的計劃，使修曆工作有序進行，可以說，這是中國具有近代性質的科學學術團體，開始了中國科學研究組織化規範化的先河。

對於修曆，徐光啓預先設計了遠、中、短期等三條路徑。其一，徐光啓認爲如果急於求成，「則預算日月交食三四十年，次用舊法，略加損益附會其間，數月可竣」。但這是治標不治本的方法，「三四十年之後，乖違如故」，曆算仍然會出現誤差。其二，循序漸進，講求曆算的方法，這樣可以達到「有法有數」的目的，至少二三百年之內不會出現太大的問題。應該說這是比較穩妥的辦法，但對於會通中西曆算，復興中國曆算之學是無益的。其三，則深入探究曆法背後的理論，「一義一法，必深言所以然之故，從流溯源，因枝達幹，不止集星曆之大成，兼能成萬務之根本」。這表明徐光啓的深謀遠慮，即爲之後中國曆算重新確立規模，「既而法意即明，明之者自能立法，傳之其人，數百年後見有違離，推明其故，因而測天改憲，此所謂今之法可更於後，後之人必勝於今者也」。在反覆衡量三種利弊的基礎上，徐光啓認爲，修改曆書的進程必須遵循穩健，「事在徐圖，先其易簡，次其繁重」。〔註 72〕在此預先籌畫的基礎上，徐光啓領導北京的「科學團體」，創造出一部新曆書。

《崇禎曆書》的編纂，基本上是建立在中西會通基礎上的。徐光啓認爲：「余著曆書百卷，大要取之古人，而又括以曆引，今復爲此編，先明西曆古書大旨，而次遂及餘書。蓋一則著新法，非一人之法，非近創之法，良由博古深思參互考訂以得一眞，無容妄議；一則，令後之人便於循習，曉暢數百年後，測審差數，推往知來，善於變通也。或疑中西異法如隔礙何？余謂：天行無隱，君命非私，曆至今日，中人亦西學矣。且即就中曆而論，其根亦本於西⋯⋯知根本既同，而清其枝幹，通其脈絡，有成書在，展卷研求，無不可見，豈足相難哉，學者勉之可也。」〔註 73〕可見，在徐光啓看來，科學本無古今中外的分別，無論是中法，還是西法，其依據的理論是相通的，必須以求眞爲標準，相資借鑒，而不能懷有狹隘的立場，延誤中國科技變革。在崇禎六年，徐光啓逝世之前，這部中西會通之作已經初具規模，對於全面引進當時歐洲的天文算學知識具有重要意義。

〔註 72〕徐光啓：《曆書總目表》，《徐光啓集》，王重民輯校，上海古籍出版社，1984年，第 377 頁。

〔註 73〕徐光啓：《曆法西傳・引說》，載《西洋新法曆書》，四庫全書本。

不僅如此，徐光啓爲中西算學會通做了諸多努力，先後撰寫《勾股義》、《測量異同》、《測量法義》等書，以西法解釋傳統數學中的數學原理。

《測量法義》是徐光啓力求用西方幾何原理解釋中國傳統算學問題。徐光啓按照類型加以說明，並注明每一論題所依據的《幾何原本》的原理。《勾股義》是運用西法對傳統的勾股術進行重新解釋，並加以新的創造。其中，徐光啓認爲：「勾股自相求以至容方容圓，各和各較相求者，舊《九章》中亦有之，第能言其法，不能言其義也。所立諸法，蕪陋不堪讀，門人孫初陽氏刪爲正法十五條，稍簡明矣。余因各爲論撰其義，使夫精於數學者，覽圖誦說，庶或爲之解頤。」〔註74〕如果說前者是會通之作，那麼後者則是超勝的具體體現，不僅復興了古算學，還在中西匯通的基礎上，將大大推進了中國算學的革新。

徐光啓的會通精神深深地影響了孫元化。作爲徐光啓的弟子，孫元化將會通中西科技的思想大大地往前推進。早在利瑪竇末期，即在北京跟隨徐光啓學習天文算學，按其自己的說法，「丙午之前語九九恐臥矣。丁未留都門，徐師食之，教之，授以幾何，因得旁及曆法、算術諸書，蓋入門而趾不自持。不三年，利先生死」。孫元化引進西學的目的更爲明確，他詳細比較了中西算法的優劣，「算有《九章》，中法備矣。西法則更奇變無窮，然要不出加、減、乘、分四母法，他法皆依賴是者耳。中算用珠，西算用筆。以概言之，筆雅於珠，辨於珠。析言之，則加法珠便於筆，減法之便等，乘法即珠不若筆，分法則筆之便也，十倍矣。若夫開方，非珠所能，盡且明也」。可見，孫元化在對筆算和珠算的優劣勢十分明瞭的，當時流行的珠算只是在簡單的加減法上有一定的優勢，而面對更爲複雜的乘除法則極不簡便，由此，孫元化總結說「故算愈難，而西法愈顯」〔註75〕。在此基礎上，孫元化撰述了《泰西算法》，對西方筆算的用法做了詳細的說明，並一一舉例加以示範。這爲珠算向筆算轉變提供了知識基礎。

當利瑪竇生前根據對明末國匱民窮的現實，意欲將西方水法介紹到中國，而熊三拔出於維護天主教義的目的，「唯唯者久之，察其心神，殆無吝色也；而願有怍色」「有怍色者，深恐此法盛傳，天下後世見視以公輸墨翟，即

〔註74〕徐光啓：《徐光啓詩文集》，上海古籍出版社，2010年，第57頁。

〔註75〕孫元化：《泰西算要》，朱維錚主編：《徐光啓全集》（五），上海古籍出版社，2010年，第154頁。

非其數萬里東來，捐頂鐘，冒危難，世兼善之意耳」。徐光啓認爲：「人富而
仁義附焉，或東西之通理也。道之精微，拯人之神；事理粗跡，拯人之形，
並說之，並傳之，以待知者⋯⋯器雖形下，而切世用，茲事體不細已。且窺
豹者得一斑，相劍者見若狐甲而知鈍利，因小識大，智者視之，又何據非維
德之隅也。」〔註76〕使得熊三拔得以傾心傳授。徐光啓此種「會通超勝」的
胸襟，展現了明末中國開明士人睿智的世界眼光，對後世產生了積極影響。
如清代李子金就繼承這一會通傳統，認爲：「棄其所短而用其所長，斯善之善
者也。然不明中曆之法，無以用西曆之長」、「據其數以步算而無牽合附會之
嫌，知過必改，見善思遷，不清於藍而寒於水哉」。〔註77〕

　　徐光啓爲融合中西科技嘔心瀝血，在其生前未及完成自己的抱負。入清
之後，在中學西源說的大背景下，傳統科技並未表現出在吸納西方科技的道
路上有進一步發展的趨向。清末，當西方的堅船利炮敲開中國大門的時候，
洋務人士的中體西用論也無法和徐光啓的超勝思想相提並論。時至今日，徐
光啓的翻譯、會通、超勝的中西科技融合之路，也具有其不可替代的借鑒價
值。

（二）東海西海、心同理同

　　李之藻對西方天文曆算的興趣，出自於對西方地圖學的吸引。在回憶錄
中，利瑪竇敘述到：「他青年時雄心勃勃要對整個中國作一番很好的描述，並
繪製十五省的精確地圖，這對他就意味著全世界。當他看見利瑪竇神父製作
的世界地圖時，就十分驚歎自己工作的局限。他知識純誠，從地圖中得到良
好的啓發，儘管對眞理的理解還不充分，於是他馬上跟利瑪竇神父以及其它
神父交上朋友，爲的是學習地理，他用公餘的時間都來專研它。」〔註78〕李
之藻後來回憶起這段時光，認爲此次交往讓他對西方地圖繪製技術由衷地信
服：「（利瑪竇）因爲余說：『地以小圓處於大圓中，度數相應，具作三百六十
度。凡地南北距二百五十里，即日星曋必差一度。其東西則交食可驗，每相
距三十度者，則交食差一時也。』余依法測驗，良然。乃悟唐人畫方分里，

〔註76〕徐光啓：《徐光啓集》，王重民輯校，上海古籍出版社，1984 年，第 67 頁。
〔註77〕李子金：《曆範》，吳文俊：《中國數學史大系》第七卷，北京師範大學出版社，
　　　　1998 年，第 120 頁。
〔註78〕利瑪竇、金尼閣：《利瑪竇中國札記》，何高濟、王遵仲、李申譯，北京：中
　　　　華書局，1983 年，第 432 頁。

其術尚疏，遂爲譯以華文，刻下萬國圖屛風。」〔註 79〕從地圖的製作中，李之藻顯然發現了地圖的繪製與西方數學的內在聯繫，從而激發了他學習西方數學的激情。「李之藻也對數學的其它部門感到興趣，他全力以赴協助製作各種數學器具。他掌握了丁先生所寫的幾何學教科書的大部份內容，學會了使用星盤並爲自己使用而製作了一具，它運轉得極其精確。接著，他對這兩門科學寫出了一份正確而清晰的闡敘。他的數學圖形可以和任何歐洲所繪的相匹敵。他論星盤的著作分兩卷出版……後來在把丁先生的《實用數學》從拉丁文譯爲中文時，李良證明對利瑪竇神父是一個大幫助，在這部譯作中，原著中沒有一個細節是被遺漏的。」〔註 80〕

在爲《坤輿萬國全圖》所作序中，李之藻已經表明對西方科技的開放態度：「今觀此圖，意與暗契，東海西海，心同理同。」在與利瑪竇合作翻譯《同文算指》後，李之藻更對此確信不已：「往遊金臺，遇西儒利瑪竇先生，精言天道，旁及算指，其術不假操觚，第資毛穎，喜其便於日用，退食譯之，久而成帙。加減乘除，總亦不殊中土，至於奇零分合，特自玄暢，多昔賢未發之旨。盈縮勾股，開方測圓，舊法最難，新譯彌捷。夫西方遠人，安所窺龍馬龜疇之秘，隸首商高之業？而十九符其用，書數共其宗，精之入委微，高之出意表，良亦心同理同，天地自然之數同歟！」故此，李之藻對西學採取了兼收並蓄的態度：「若乃聖明在宥，方文獻，何嫌並蓄兼收，以昭九譯同文之盛？其裨實學、前民用如斯者，用以鼓吹休明，光闡地應。此夫獻琛輯瑞，倘亦前此稀有者乎？」〔註 81〕

但是，李之藻仍然是一個傳統的士大夫，他所追求的中西會通，仍然不脫離中國文化本位立場：「六合之內論而不議，理苟可據，何妨求野。圜象之昭昭也，晝視日景，宵窺北極，所得離地高低度數，原非隱僻難窮，而人有不及察者，又何可輕議於方域之外。」〔註 82〕這就使得西學對於李之藻而言，必須要能夠有利於儒者實學：「儒者實學，亦惟是進，修爲兢兢」、「不揣爲之

〔註 79〕徐宗澤：《明清間耶穌會士譯著提要》，上海書店，2006 年，第 314 頁。

〔註 80〕利瑪竇、金尼閣：《利瑪竇中國札記》，何高濟、王遵仲、李申譯，北京：中華書局，1983 年，第 432～433 頁。

〔註 81〕李之藻：《同文算指序》，朱維錚主編：《利瑪竇中文著譯集》，復旦大學出版社，2007 年，第 649～650 頁。

〔註 82〕李之藻：《坤輿萬國全圖序》，朱維錚主編：《利瑪竇中文著譯集》，上海：復旦大學出版社，2007 年，第 180 頁。

圖說，間亦出其超簡，不妨異同，則亦於舊貫無改焉」、「若吾儒在世善世，所期無負天壤，則實學更自有在。」〔註83〕可見，李之藻會通中西以經世致用的抱負。對此，徐光啓有著明確的體察：「振之兩度居燕，譯得其算術如干卷。既脫稿，余始間請而共讀之。大率與舊術同者，舊所弗及也；與舊術異者，則舊所未有也。旋取舊術而共讀之，大率與西術合者，靡弗與理合也；與西術謬者，靡弗與理謬也。振之因取舊術，斟酌去取，用所譯西術，駢付梓之。」〔註84〕與徐光啓的會通求超勝有所不同的是，在引進西方曆法的態度上，更是強調了西法在補益王化的作用：「刺下禮部亟開館局，徵召原題明經通算之臣如某人等，首將陪臣龐迪我等所有曆法，照依原文譯出成書，進呈御覽，責令疇人子弟習學，依法測驗，如果與天相合，即可垂久行用，不必更端治曆，以滋煩費，或與舊法各有所長，亦宜責成諸臣細心斟酌，務使各盡所長，以成一代不刊靈憲，毋使仍前差謬，貽譏後世。事完之日，仍將其餘各書，但係有益世用者，漸次廣譯，其於鼓吹休明，觀文成化，不無裨補。」〔註85〕其中難免有李之藻說服皇帝之義，但基本可以表達李之藻的態度。

而最代表李之藻中西會通思想的，要數《天學初函》。李之藻將西學譯著編爲理器兩編，形成一個道器完備的知識體系，向當時乃至後人強調補益儒學時，要注重對西法的整體吸收和容納。正如李之藻所言：「天不愛道，世不乏子雲、夾，鴻業方隆，所望是懿德者相與共臻厥成，若認識眞宗，直尋天路，超性而上，自須實地修爲，固非可於說鈴書肆求之也。」〔註86〕這裡，李之藻闡明了「理」與「器」的關係，「器」是「理」的修爲基礎，而「理」是「器」超性之學。在李之藻看來，「理」有形而上的意味，故將討論天主教義和修身格言的書籍收錄期間，以傳統的「理」來涵蓋西方的哲學和神學，而「器」則對應了西方的科學書籍。故「理」和「器」的關係，實際上代表了西方宗教和科學的關係。《天學初函》即是由自然科學進路到形而上，由「闡

〔註83〕 李之藻：《渾蓋通憲圖說自序》，朱維錚主編：《利瑪竇中文著譯集》，上海：復旦大學出版社，2007年，第317～318頁。

〔註84〕 徐光啓：《刻同文算指序》，朱維錚主編：《利瑪竇中文著譯集》，上海：復旦大學出版社，2007年，第648頁。

〔註85〕 李之藻：《請譯西洋曆法等書疏》，徐宗澤：《明清間耶穌會士譯著提要》，上海書店，2006年，第196頁。

〔註86〕 李之藻：《刻〈天學初函〉題辭》，徐宗澤：《明清間耶穌會士譯著提要》，上海書店，2006年，第220頁。

著實理」到「窮理諸學」這一中西會通這一思路的具體體現。而這也是李之藻入教的基本路線。這在一定程度上符合利瑪竇的以科技爲誘餌，進一步歸化李之藻的設想，但超乎尋常的是，李之藻的入教更多的是基於對利瑪竇的感情。而在中西科技會通上則是清醒的，沒有依照西學亦步亦趨，而是站在相對平等的立場上，相互摻補。米嘉穗表達了同樣的會通取向：「竊意吾儒之學得西學而益明，西學諸書有此冊而益備也，學者因其不同以求其同，其於儒學、西學思過半矣。」〔註 87〕可見，當時部份受西學影響較深的士人已經開始擺脫傳統的華夏中心觀，將中西文化持平對待。

第三節　晚明西方天文曆算對中國科技的影響

在利瑪竇的影響下，中國天文算學等傳統科技逐漸擺脫衰落的局面，煥發出勃勃生氣。以天文算學爲代表的傳統科學知識逐漸轉變，在生活中日益佔有重要的地位，士人階層無論拒納態度如何，都越來越重視對天文算學的研習，並將之作爲極其重要的知識體系，運用到學術研究及其政事的處理方面，對晚明乃至清代社會，都產生了深遠影響。

一、算學的廣泛應用

西方天文曆算在中國的傳播，逐漸被開明的中國士人所重視，帶動了其餘知識門類在中國的傳播，如農業、醫學、機械等等。徐光啓就認爲：「蓋凡物有形有質，莫不資與度數故耳」，將天文數學作爲關係其餘民生技術的基礎。在《條議曆法修正歲差疏》中，徐光啓列舉了「度數旁通十事」，涉及治曆、測量、音律、軍事、理財、營建、機械、輿地、醫藥、計時等〔註 88〕：

> 其一，曆象既正，除天文一家言災祥禍福、律例所禁外，若考求七政行度情性，下合地宜，則一切晴雨水旱，可以約略預知，修救修備，於民生財計大有利益。

> 其二，度數既明，可以測量水地，一切疏濬河渠，築治堤岸、灌溉田畝，動無失策，有益民事。

〔註87〕米嘉穗：《西方問答序》，徐宗澤：《明清間耶穌會士譯著提要》，上海書店，2006 年，第 235 頁。

〔註88〕徐光啓：《條議曆法修正歲差疏》，載《徐光啓詩文集》卷四，上海古籍出版社，2010 年，第 157 頁。

其三，度數與樂律相通，明於度數即能考正音律，製造器具，於修定雅樂可以相資。

其四，兵家營陣器械及築治城臺池隍等，皆須度數爲用，精於其法，有裨邊計。

其五，算學久廢，官司計會多委任胥吏，錢穀之司關係尤大。度數既明，凡九章諸術，皆有簡當捷要之法，習業甚易，理財之臣尤所亟須。

其六，營建屋宇橋樑，明於度數者力省功倍，且經度堅固，千萬年不不壞。

其七，精於度數者能造作機器，力小任重，及風水輪盤諸事以治水用水，凡一切器具，皆有利便之法，以前民用，以利民生。

其八，天下輿地，其南北東西縱橫相距，紆直廣袤，及山海原，高深廣遠，皆可用測量，道里尺寸，悉無謬誤。

其九，醫藥之家，宜審運氣；曆數既明，可以察知日月五星曆次，與病體相視乖和逆順，因而藥石針砭，不致差誤，大爲生民利益。

其十，造作鐘漏以知時刻分秒，若日月星晷、不論公私處所、南北東西、欹斜坳突，皆可安置施用，使人人能分更分漏，以率作興事，屢省考成。

農業：天文算學的傳入，大大推進了西方農業科技的引進和研究。徐光啓在完成《幾何原本》等書後，開始嘗試翻譯西方水法，最後和熊三拔一道翻譯了《泰西水法》，後收入其《農政全書》中。該書共分爲六卷，記載了取水和蓄水的方法，尤其對西方的器具做了詳細的介紹，並配有很多插圖，例如：起重十一圖，引重十四圖，轉重二圖，取水九圖等，每幅圖都有詳細的解說。對水利器具的引進，主要包括用於抽江水的龍尾車、抽井水的玉衡車和恒升車，並且還有建造水庫、尋找泉水和鑿井的方法，這對於經常發生災害的晚明社會，提高農業抗旱能力，大有幫助。當時人如此評價西方水利的好處：「太史玄扈公軫念民隱，於農事之興靡不採羅，閱泰西水器及水庫之法精巧奇絕，譯爲書而傳之，規制具陳，分秒有度，江河之水、井泉之水、雨雪之水無不

可資爲用，用力約而收效廣。蓋肇議於利君西西泰，其同儕共終厥志，而器成於熊君有綱，中華之有此法自今始。」〔註89〕

　　而數學方法的運用，對農業科技的發展大有裨益。徐光啓通過學習西方算學，認識到數學是各類學科知識的基礎，其嚴密的推理，在具體的科技活動中是不可或缺的。「算術者，工人之斧斤尋尺，曆律兩家，旁及萬事者，其所造宮室器用也，此事不能了徹，諸事未可易論。」並將數學方法運用到農業問題研究方面，他收集了自春秋到萬曆年間的111次蝗災記錄，用統計方法探尋蝗災發生的頻率，最終得出蝗災發生的時間是在六月份，「與百穀長養成熟之時正相值」。而通過對元代400個路、郡、州、縣的資料分析，認爲蝗災發生的地點必在「大澤之涯」「驟盈驟涸」的地方，如長淮以北，河南東部地區爲多。〔註90〕此外，實驗方法也被運用於農業中。徐光啓身體力行，對當時風行很久的「風土論」進行反駁。風土論認爲，農作物適合在某地種植與否，取決於當地的風土條件，所以一個地方的作物種類是不會變化的。而徐光啓則認爲，風土對農作物的生長會產生一定的影響，但是這類作物是很少量的，影響農作物適合生長與否的主要原因，在於氣候而非土地，所謂「其中亦有不宜者，則是寒暖相違，天氣所絕，無關於地」。爲了說明自己的觀點，徐光啓引種了大量南北品種不同的蕪菁，發現「余家種蔓青三四年，亦未嘗變爲菘也，獨其根隨地有大小，亦如菘有厚薄」。此外，隨著國外農作物引種的成功，更加說明了風土說的不足。徐光啓對實驗方法很重視，在上海、天津都設有試驗園，親自引種甘薯，棉花等，並將甘薯種植廣泛推廣。

　　機械物理：此時，利瑪竇傳入的天文算學知識也廣泛應用於機械製作上，如王徵通過大量閱讀西學書籍，吸收相關科技知識，爲機械製作奠定基礎。在他的《奇器圖說》凡例中，引用了當時社會上流傳的 18 種參考著作：《勾股法義》、《圜容較義》、《泰西水法》《幾何原本》、《蓋憲通考》、《坤輿全圖》、《簡平儀說》、《渾天儀》、《天問略》、《同文算指》、《畸人十篇》、《天主實義》、《七克》、《自鳴鐘說》、《望遠鏡說》、《職方外紀》、《西學或問》、《西學凡》等。這些著作大多是利瑪竇或在他直接影響下翻譯而成的，成爲王徵等中士進行機械製作的必備參考書。《職方外紀》對歐洲的器具製作有過詳細說明，

〔註89〕徐光啓：《泰西水法序》，徐宗澤：《明清間耶穌會士譯著提要》，上海書店，
　　　　2006 年，第 243 頁。
〔註90〕徐光啓：《徐光啓集》，王重民輯校，上海古籍出版社，1984 年，第 245 頁。

「其工作如木工、石工、畫工、塑工、繡工之類，皆頗知度數之學，製造備極精巧。凡爲國工者，皆考選用之」。其中可見算學在器械製作中的作用，這也爲王徵深爲借鑒並嚮往。

算學已與軍事緊密結合在一起，利瑪竇對此有所認識：「借幾何之術，惟兵法一家，國之大事，安危之本，所須此道尤最亟焉！故智勇之將，必先幾何之學，不然者，雖智勇無所用之……吾西國千六百年前，天主教未大行，列國多相併兼，其間英士有能以羸少之卒，當十倍之師，守孤危之城，禦水陸之攻，如中夏所稱公輸、墨翟九攻九拒者，時時有之。彼操何術以然？熟於幾何之學而已。可見此道所關世用至廣至急也。」〔註91〕這也爲當時中國士人所認同，李之藻認爲西國操銃之人皆「明理識算」。明末以精通西洋火器聞名的孫元化，更是協助老師徐光啓刪訂《勾股義》，並親自撰寫《幾何用法》、《幾何體論》和《泰西籌要》等書，這些都是明末戰爭中以西法操作炮銃所必備的知識。此外，算學儀器已廣泛用於軍事，如銃規、銃尺、矩度及星斗等，大大提高了火炮射擊的精準度。據黃一農先生研究，正因幾何工具的大量應用，「大多不涉及精密的彈道學知識，純粹是透過各炮的個別性能或各炮種的一般特性進行測定與評估，故仍可相當有效地幫助炮手發揮其所用火炮的威力」。明朝軍隊也迅速吸收西方的火炮設計和長處，「直到十七世紀末，中國與西方在實用炮學上的差距其實並不特別顯著」〔註92〕。

幾何學在繪畫上也大量應用。早年，利瑪竇學習過透視學，瞭解數學投影原理，在中國繪畫和製作地圖中加以采用。如在給程大約的四幅宗教畫，後收入《墨苑》。進京之後，繪製「野墅平林圖」，該圖所用技法與中國傳統的寫意畫法不同，遠近分明，明暗比例協調，視野開闊，顯然採用了西方透視學。利瑪竇曾解說西方宗教畫：「中國畫擔畫陽不畫陰，故看之人畫軀正平，無凹凸相，吾國之畫兼陰與陽寫之，故面有高下，而手臂皆輪圓耳。凡人之面正迎陽，則明而白，若則立，則嚮明一邊者白，其不嚮明一邊者眼耳鼻口凹處，皆有暗相。吾國之寫像者，解此法用之，故能使畫像與生人亡異也。」〔註93〕在利瑪竇影響下，游文輝等中國人士也多仿傚。利瑪竇去世後，游文

〔註91〕利瑪竇：《譯幾何原本引》，朱維錚主編：《利瑪竇中文著譯集》，上海：復旦大學出版社，2007年，第300頁。
〔註92〕黃一農：《紅夷大炮與明清戰爭》，載臺北《清華學報》1996年第1期。
〔註93〕顧起元：《客座贅語》卷六，北京：中華書局，1987年，第194頁。

輝曾繪製利瑪竇畫像，莫小也評論曰：「這是一幅標準的西方肖像畫，構圖既飽滿又簡練，顯示出相當的藝術概括能力。……該畫對明暗的處理也很有特色，光線從畫面左上方射去，在眼眶、鼻樑、面頰的暗面投下了豐富的陰影，尤其在白色衣領上的投影可以明顯感受到強烈的光源。……17 世紀的中國人能將油畫肖像繪至這樣的水準，的確是件非常不容易的事情。」〔註 94〕

二、傳統天文學的變革

　　西方傳統天文學以固體水晶球說爲代表，利瑪竇最早將它介紹到中國。在《乾坤體義》一書中，詳細描繪了水晶球說，謂宇宙是一個同心疊套的球層體系，地球是中心，靜止不動，由中心向外依次爲月球、水星、金星、太陽、火星、木星、土星、恒星所在之天球，第九層是「宗動天」，其形態「九層相包，如蔥頭皮焉，皆硬堅，而日月星辰定在其體內，如木節在板，而只因本天而動，第天體明而無色，則能通透光，如琉璃水晶之類，無所礙也」。〔註 95〕此後陽瑪諾在《天問略》中將天球數目增加到十二層，謂「最高者即第十二重天，爲天主上帝諸神居處，永靜不動，廣大無比，即天堂也。其內第十一重爲宗動天」。〔註 96〕儘管利瑪竇、陽瑪諾僅是對水晶球說做出描述，不能解決實際的天文學問題，但是卻爲晚明天文學變革奠定了知識基礎。一方面，中國士人多將西方的九重天之說相比於傳統的「九天」，如方以智認爲：「吳草廬澄始論天之體實九層，至利西江入中國而暢言之。」〔註 97〕其間難免穿鑿附會，但卻爲西方天文學傳播減少了阻礙。正是這種中西天文學的比附，在南京教案發生時，傳教士爲自己申辯時，就認爲：「天有九重，中國舊傳此說，蓋七政各一重，各有本等行度，上有列宿一重，左旋，無星天一重亦各有本等行度，則九重也。屈原時，此術或已失傳，故作天問。」〔註 98〕姚立澄認爲，陽瑪諾的《天文略》和熊三拔的《表度說》都是爲明末修曆做

〔註 94〕莫小也：《十七～十八世紀傳教士與西畫東漸》，北京：中國美術學院出版社，2002 年，第 90～92 頁。

〔註 95〕利瑪竇：《乾坤體義》，朱維錚主編：《利瑪竇中文著譯集》，上海：復旦大學出版社，2007 年，第 521 頁。

〔註 96〕陽瑪諾：《天問略》，四庫全書本。

〔註 97〕方以智：《通雅》卷十一，四庫全書本。

〔註 98〕龐迪我：《具揭》，《徐家匯藏書樓明清天主教文獻》，臺北：輔仁大學神學院，1996 年，第 80 頁。

準備的，並促使李之藻藉此說上疏修曆。〔註99〕而且，利瑪竇的《乾坤體義》也是在李之藻的幫助下完成的，此後李之藻將該書下卷收入《天學初函》，可見在晚明的天學體系中，兩書所處的地位。

對利瑪竇所傳播之天文學，明代士人多有相應。郭子章認爲：「夫天文之未易言也，若非今日西士之專天學，微妙精察，順天求合者，其孰能與於此哉！」對渾天說和蓋天說的態度：「不若兩存之，以孔、邵之說窮理，以蓋、渾之形推曆，庶幾有合夫天學諸先生之旨云。」〔註100〕而明末學者袁啓更是抄錄了利瑪竇的許多天文學論述。據相關學者研究，該書將《坤輿萬國全圖》序文的「地與海本是圓形而合爲一球」，與「論地球比九重天之星遠且大幾何」兩文合併成了該書的「九天地球諸星總論」。並且，袁啓在西方天文學的影響下，獨立撰寫「中星解」一文。

對於利瑪竇介紹的水晶球體系，李約瑟曾批評道：「耶穌會傳教士帶去的世界圖式是托勒密——亞里斯多德的封閉的地心說；這種學說認爲，宇宙是由許多以地球爲中心的同心圓固體水晶球構成的。傳教士們硬要把一種基本上錯誤的圖式，強加給一種基本上正確的圖式（這種圖式來自古宣夜說，認爲星辰浮於無限的天空）。」〔註101〕依此批評利瑪竇是近乎苛刻的，利瑪竇並非專職的天文學研究者，而當時歐洲對哥白尼的新學說也是表示懷疑的，利瑪竇所就讀的羅馬耶穌會學院更是將托勒密——亞里斯多德學說視爲權威。來華後，利瑪竇基於自身天文學知識的不足，也多次向歐洲請求派遣精通天文的耶穌會士來華，在利瑪竇的積極努力下，陽瑪諾、熊三拔、龍華民、鄧玉函等人相繼來華，在明末修曆活動中，起到了至關重要的作用。即使到了明末，西方托勒密體系、第谷體系以及哥白尼體系，相繼被耶穌會士介紹到中國，在《崇禎曆書》中，基本採用的也是第谷的理論體系，也沒有採用更爲先進的哥白尼學說。對此，江曉原有深入的研究，認爲：其一，當時哥白尼在歐洲已被禁止，耶穌會士來華是爲傳教而修曆，不會因科學眞理而固執的；其二，托勒密體系繁瑣陳舊，哥白尼也只是與實測粗略吻合，而中西曆法之爭只求精確，這方面第谷體系更爲所長；其三在中國傳播有調和意味的

〔註99〕姚立澄：《關於〈天文略〉作者來華年代及其成書背景的若干討論》，載《自然科學史研究》2005 年第 2 期。

〔註100〕郭子章：《蠙衣生黔草‧天文說》，四庫全書存目叢書本。

〔註101〕李約瑟：《中國科學技術史》第四卷，北京：科學出版社，2003 年，第 646頁。

第谷體系尚且阻力甚大，更不要說哥白尼體系，「教士既思以修曆、介紹學術擴大影響，自然力求所介紹之學說易於被接受，則第谷體系為佳」〔註102〕。

　　直至入清，第谷體系在中國長期保持「欽定」的地位，並為明末清初諸多學者習學，對此張維華先生精闢地論述道：「自西學傳入中國之後，有尊信其說而全盤接受者；有折中中西之說而自為定論者。此二者之態度，雖各不相同，然均在西學傳入過程中所起之反響則一也。清代無西學，則談曆算之學者，必不若是之活躍，其成績亦不若是之偉大，斯則可斷言者。」〔註103〕

三、格物窮理之學的形成

　　西方天文曆算的傳入，對中國傳統的學術體系造成了很大衝擊，其中尤為矚目的是西方科技與中國格致傳統相交匯，形成了晚明獨具特色的學術體系。

　　徐光啟直接受教於利瑪竇，最先提出格物窮理的理論，認為：「顧惟先生之學，略有三種：大者修身事天；小者格物窮理；物理之一端別為象數，一一皆精實典要，洞無可疑，其分解辨析，亦能使人無疑。而餘乃亟傳其小者，趨欲先其易信，使人繹其文，想見其意理，而知先生之學，可信無疑。」〔註104〕將格物窮理和象數做為事天之學的基礎，考慮到技術層面的知識容易為士人接受。在《泰西水法序》中，徐光啟詳細闡發了「格物窮理」的內涵：「而其緒餘更有一種格物窮理之學，凡世間世外、萬事萬物之理，叩之無不河懸響達，絲分理解。」可見格物窮理在西學中的地位是次要的，但是它是認識萬事萬物之理的學問，也即相對於事天之學的超越層面之外，世間內萬物運行的法則。對於窮理的方法，自然是依靠象數的工具性作用。在徐光啟看來，幾何處於度數之源的地位，這是由幾何的功能決定的：「幾何家專察物之分限者也。其分者若截以為數，則顯物幾何眾也；若完以為度，則指物幾何大也。其數與度或脫於物體而空論之，則數者立算法家，度者立量法家也。或二者在物體，而偕其物議之，則議數者如在音相濟為和，而立律呂樂家；議度者，

〔註102〕江曉原：《天文西學東漸集》，上海書店，2001年，第272頁。
〔註103〕張維華：《明清之際中西文化簡史》，濟南：齊魯書社，1987年，第191頁。
〔註104〕徐光啟：《刻幾何原本序》，朱維錚主編：《利瑪竇中文著譯集》，上海：復旦大學出版社，2007年，第304頁。

如在動天迭運為時，而立天文曆家也。此四大支流，析百脈。」〔註105〕這樣以幾何為核心的度數之學，也就成為徐光啓知識劃分的主要內容，幾乎涵蓋了事物認識的各個方面。與傳教士將之神學化的取向不同，徐光啓更為關心的是其現世用途，正所謂「此道所關世用至廣至急」，既彌補了王學流佈所造成的儒學技藝層面的缺失，又突破了傳統的技藝實用性，更注重對技藝背後事理的探求，將理論與技藝相協調。

對於徐光啓創設格物窮理的意義，李亞寧評論說：「徐光啓運用中國文化傳統經典語言對外來文化進行『格義』式的剪裁是不可避免的，而重要的是他借西學之光做了一次中國歷史上前無古人的全新分類，促成了智與德的分離，第一次明確地提出了格物窮理之學。」〔註106〕對於它的特點和價值，尚智叢將之定性為是「中國的前近代科學」，認為：「數學、邏輯方法論與自然哲學作為神哲學的部份傳入中國以後，被從其中剝離出來，與中國傳統的曆算學、輿地學、測量和機械、生物和醫學等知識結合，形成了獨特的格物窮理之學。……格物窮理之學在中西會通中產生，以數學和關於自然事物的經驗知識為主體結構，因此，可以認定是一種以科學知識為主體的知識形態。它強調演繹推理在知識形成中的作用，強調知識的統一性，因此，有別於古代科學。它強調認識論從經驗出發，卻缺少有效的歸納方法，也未形成嚴格實驗方法，更未能將二者與數學的演繹推理結合起來。因此，它還不是近代科學。」〔註107〕此論雖為中肯，但放在當時語境中考察，未免有失偏頗。格物窮理之學的形成，雖說是中國士人主動調和中西學科的結果，但其中也摻雜了利瑪竇傳教策略上的考慮，將神學比較淡化的科學引入中國，容易為士人所接受，而其神學始終在其應有之義。這一點，與耶穌會傳教策略有明顯差異的多名我會表現更為明顯。在多馬氏・馬約爾的《新編格物窮理便覽》第一卷中，「其邏輯是從人與自然講起，講人，進而進入中心——人神關係，最後是天主教的宇宙觀。表面是在講自然，無論是動物、人還是宇宙，但核

〔註105〕利瑪竇：《譯幾何原本引》，朱維錚主編：《利瑪竇中文著譯集》，上海：復旦大學出版社，2007年，第289頁。

〔註106〕李亞寧：《明清之際的科學、文化與社會》，四川大學出版社，1992年，第218頁。

〔註107〕尚智叢：《明末清初的格物窮理之學》，成都：四川教育出版社，2003年，第41、63頁。

心是通過講述自然來說明天主和自然的關係，和人的關係。」〔註108〕而最重要的也是現實原因，一方面是晚明時期內外交困的局面，迫使士人認爲「此書爲用至廣，在此時尤所急須」。另一方面也是整個傳教形勢所迫，尤其是南京教案之後，在編撰曆法過程中，不得不放棄其中所蘊含的神學因素。

如果說徐光啓主要是在度數方面爲格物窮理之學奠基，那麼李之藻更具體地劃分了窮理諸學。在《名理探》中，李之藻對窮理學內容進行了劃分，即：「諸學有屬用，有屬知。務窮物理，不必致用，是謂知學，如因形性學與超性學是已。窮物理以致諸用，是爲用學，如克己治世之學是已。」〔註109〕基本涵蓋了亞里斯多德所劃定的理論知識，並且，從自然哲學到數學，到形而上學，再到自然神論，理性抽象能力也隨之逐步提高。尚智叢認爲李之藻所譯介的窮理之學，反映了對知識統一性的追求，基本蘊含了形而上學假設，只是「在中西會通過程中，中國學者從一開始就對傳教士所傳學術思想有著自覺的區分：修身事天之學與格物窮理之學」，在中國語境下，窮理之學「主體是自然哲學和數學，邏輯學與方法論作爲學術研究的基礎而確定下來，形而上學則是從屬部份」。〔註110〕

這成爲明末清初中西科學會通的基本取向。方以智、王錫闡、梅文鼎等均受其影響，也深深影響了清代樸學。張維華曾論述道：「當中西曆研究極盛之際，此種學風之影響，不僅在曆理本身，而且旁及經史之整理。自西學傳入中國之後，因新法之提倡，激起古法之研究。徐光啓、李之藻輩，開導此風於先。王錫闡、梅文鼎等發揚此義於後，故古法重獲整理。古代經籍，數言天文曆算之事，因其爲專家之學，非盡人所能，故談經者往往不能言其究竟。乾嘉之際，曆理既多推闡，經學研究亦盛。學者或以經義潤色曆理，或以曆理解明經義，積久而使治曆之學亦爲研治經學之一端。……乾嘉諸儒，無不通習西法，不獨東原爲然。西法影響中國之深，於此最顯。說者或謂清初漢學之風，實具有科學精神，而此種精神之發生，西學實開其先。此論雖近武斷，然漢學之發展，亦受助於西學。」〔註111〕

〔註108〕張西平：《菲律賓早期的中文刻本再研究》，載《南洋問題研究》2010年第3期。

〔註109〕李之藻：《名理探》，北京：三聯書店，1959年，第20頁。

〔註110〕尚智叢：《明末清初的格物窮理之學》，成都：四川教育出版社，2003年，第49頁。

〔註111〕張維華：《明清之際中西關係簡史》，濟南：齊魯書社，1987年，第196頁。

　　儘管格物窮理之學沒有產生出西方以機械論自然觀爲基礎的近代自然科學，但它對中國知識結構的流變起到了催化的作用，一定意義上爲近代西方科學順利傳入中國準備了條件。

　　由上可見，以天文算學爲主導的中西科技對話，不僅將當時西方先進的科技觀念、儀器製作等移植到中國文化中，更激發了傳統科技變革。在徐光啓、李之藻等開明士人的引領下，積極翻譯西方科技書籍，變革曆法、水具、火炮等技術，並在廣泛吸收西方科技基礎上，結合傳統科技發展特點，融匯中西，形成了以經世致用爲取向的格物窮理之學。這對明末清初中國科技變革具有巨大的推動作用，也促進了西方知識的廣泛傳播，爲明後期啓蒙思潮增添了新的思想因素，預示著中國近代化的起步。

第六章　利瑪竇與晚明中西形象的嬗變

　　晚明時期的中西文化交流，不僅僅對中國社會產生了一定的影響，更是一種雙向的文化交流過程。通過利瑪竇等耶穌會士的介紹，中國的制度、文化等各方面更加真實地呈現在西方人面前，給西方世界的中國想像增添了更豐富的元素，並對西方社會進程產生了重大的影響。

第一節　利瑪竇與早期漢學

　　隨著新航路的開闢，大量的有關中國的知識、信息開始流入西方社會，引起西方人士的極大關注。尤其是利瑪竇等耶穌會士成功開教中國，使得西方人更真切地感受到中國的文化內涵和精神實質。由利瑪竇等傳教士所開創的早期漢學，也成為這一時期西方社會系統研究中國歷史文化的開端，對西方學術乃至社會思想的發展，做出了突出貢獻，同時也促進了中西雙方在更高水準上交流與對話。

一、前漢學時期

　　16 世紀前中期是西方漢學的重要緣起時期，儘管西方傳教士尚未全面深入中國，但是西方商人、水手以及少數試圖叩擊中國大門的教士，通過書信、日記等方式將中國的情況介紹到西方，逐漸使得西方模糊的中國認知變得清晰起來，其中最早對中國描述的是葡萄牙人。

　　16 世紀，歐洲第一個介紹中國的是托梅・皮雷斯，他在 1515 年著有《東方概要》一書。皮雷斯是 1511 年乘船來到東方，作為藥材代理商，佩雷斯擔

任了與此相關的各種職務，藉此之便，他爲了鞏固葡萄牙在東亞海域的勢力存在，詳細編纂各種資料，並親身調查。此後，皮雷斯作爲首任赴華使節，於 1517 年來華，在廣州待了三年，遭到廣東官員逮捕，死於獄中。在該書中，作者介紹了中國、中國婦女、皇帝居住的地方、臣服中國皇帝的藩屬國、使節觀見的方式、怎樣確立皇帝、王國關於航海出國的規定，中國沿海地方、廣州的海陸軍將領、在中國值錢的麻六甲貨物、徵收關稅、中國的大小重量、各種食物、中國輸出的商品以及對外港口等情況。被史家認爲是在馬可波羅之後，描寫中國的早期著作，「此書關於東方記載之書，其功不少……不愧於當時人之公論，而科德斯蘇博士謂見皮雅士（皮雷斯）爲一觀察深刻之人，不愧葡史家對其品評之語，又以爲此抄本顯有歷史及地理上之價值，允爲一種研究葡萄牙人在遠東史之價值甚大之第一手材料」。〔註 1〕

克里斯托旺・維艾拉作爲佩雷斯使團的成員，1524 年在廣州監獄期間，向歐洲寄出信件──《廣州來信》，在長達 57 段的信件後半部份，詳細介紹了中國概況，主要介紹了廣東的地理概貌、司法行政、生活方式、商貿情況、軍事實力以及人們的日常生活等等，皆爲作者親眼所見之事，故對中國的介紹較爲客觀。同時期的著作尚有《葡萄牙人發現和征服印度紀事》、《中國報導》等佚名著作。

在 1528 年至 1538 年間，卡斯塔內達在亞洲生活居住，後返回歐洲科英布拉大學擔任微不足道的職務，於 1551 年將亞洲見聞編輯成書，即爲《葡萄牙人發現和征服印度史》，其中涉及大量的中葡交往史實，並對中國的佛教儀式、中國的神怪和廟宇乃至風俗習慣、職官制度一併做了介紹。

葡萄牙人佩雷拉，曾經兩次來華從事走私貿易，1549 年被中國官員逮捕，在 1549～1552 年囚於廣西，後逃離出境，撰寫了回憶錄《我所瞭解的中國》。該書介紹了中國 13 布政司的劃分、農副產品、司法監獄管理制度等等。其中對司法行政介紹尤詳，並多持讚美之情，英國學者博客塞讚美該著作稱：「一般認爲葡萄牙在亞洲的先驅者貿易努力去瞭解和他們相處的民族，但佩雷拉的敘述和許多撰述一樣可以用來駁斥這種說法。」〔註 2〕

〔註 1〕 博克塞：《1514 年葡人關於東亞之記載》，見朱傑勤《中外關係史譯叢》，海洋出版社，1984 年。

〔註 2〕 博克舍：《十六世紀中國南部紀行》，何高濟譯，北京：中華書局，1990 年，第 30 頁。

　　除了葡萄牙人試圖瞭解中國之外，隨後來華的西班牙人也開始對中國進行調查訪問，撰述相關著作，最有代表性的是拉達的《出使福建記》和門多薩的《中華大帝國史》。

　　拉達是西班牙奧古斯丁會士，1575 年奉西班牙菲律賓總督之命，率團對中國福建進行訪問，途徑廈門、泉州、漳州、興華和福州等地，後返回馬尼拉寫就《出使福建記》。該書分為兩部份，第一部份為記事，敘述在福建的行程；第二部份則是分類對大明的情況作了敘述，分十二方面：1、王國的版圖和位置；2、各省；3、城鎮；4、軍事事務；5、人口和稅收；6、明朝的歷史；7、禮儀、習俗和服飾；8、飲食；9、建築、農耕和礦藏等；10、司法行政；11、宗教與祭祀；12、和尚、道士、尼姑。〔註3〕該書對後來門多薩撰寫《中華大帝國史》準備了充分的資料依據。

　　門多薩是西班牙奧古斯丁會士，他 1583 年受教皇格里高利十三世之託，編輯一部關於中華帝國的通志，1585 年完稿以西班牙文出版，之後被翻譯成各種歐洲文字，風靡歐洲。門多薩生平沒有到過中國，也不懂得中文，他所編輯的資料來源，多是當時來華歐洲人的各種報告、書信，其中參考最多的即為上文的《出使福建記》，以及佩雷拉的《我所瞭解的中國》，葡萄牙多明我會士克魯茲的《中國情況記》等等。該書分兩部份，第一部份主要通過三卷篇幅詳細介紹中國的地理位置、歷史、土地、習慣風俗以及宗教信仰。第二部份分為三卷，第一卷是拉達等人的福建紀行；第二卷為西班牙方濟各會士奧法羅等人的中國紀行；第三卷為環球紀行。此書出版即在西方引起廣泛關注，加之受教皇所託，更是備受重視，當時乃至後來歐洲思想家均受其影響。中國學者許明龍認為：「這部著作對中國的描述停留在表面，比較膚淺，但比較準確，涉及面較廣，對中國的悠久文明給予較高評價，在歐洲受到普遍的歡迎，多次再版。在早期有關中國的著作中，門多薩的這本書比較有名，對歐洲人瞭解中國產生了良好的作用。此書的法文版於 1588 年問世，法國著名作家蒙田在他的《散文集》中多次論述中國，所據材料即是《中華帝國史》。」〔註4〕而該書對中國總體知識和形象的介紹，也是對之前各種遊記書信的總

〔註3〕博克舍：《十六世紀中國南部紀行》，何高濟譯，北京：中華書局，1990 年，第 186～221 頁。

〔註4〕許明龍：《孟德斯鳩與中國》，北京：國際文化出版公司，1989 年，第 54～55 頁。

結，「描繪出一個以財富和繁榮爲特徵的中國形象，但這是普遍富裕上的繁榮富有，而不是馬可波羅遊記中展現的王宮的輝煌，同時書中也開始強調該國公正的行政管理。這兩種印象，正是前面總結過的 16 世紀遊記中的主導形象，經門多薩的傳遞，深深刻進歐洲人心中，並在未來不斷被繼承與拓展，中國的制度公正成爲此後一個時期耶穌會士所描繪中國形象的主要特徵。」〔註5〕不僅如此，該書的寫作結構也爲後來早期漢學的寫作模式提供可借鑒的範本。總之，這是一部具有轉折性意義的著作，隨著羅明堅、利瑪竇等耶穌會士進入中國傳教，西方早期漢學呼之欲出。

二、利瑪竇與早期漢學家

晚明時期隨著耶穌會士進入中國成功傳教，歐洲漢學也進入到了新的階段。這一時期，傳教士開始擺脫 16 世紀前中期的遊記特色，開始眞正深入到中國社會內部考察中國的歷史文化狀況，該時期持續到 18 世紀末，主要是以西方傳教士爲主。以 1687 年法國耶穌會士入華爲界，可以劃分爲前後兩個階段，前一時期，主要是以非法國耶穌會士爲主，後一時期，法國耶穌會士開始登上漢學研究的巔峰，並由單純的介紹轉移到全面深入研究中國文化的階段，出現了索隱派等研究流派。對應晚明時期的主要是以前一階段非法國的耶穌會士，並延續到清初。

羅明堅作爲首次進駐中國肇慶的耶穌會士，在漢學研究方面作出了突出貢獻，是早期漢學的先驅，他不僅與利瑪竇合作編纂《葡漢詞典》，還首次將《三字經》和部份《四書》內容翻譯成拉丁文。此外，羅明堅在西方繪製了第一幅中國地圖集，該地圖集 1987 年在羅馬國家圖書館中被發現，1993 年經過歐金尼奧洛・薩爾多的整理編輯，在歐洲出版。〔註6〕羅明堅第一次較爲詳細列出了中國的省份，向西方介紹中國的行政機構。不僅如此，羅明堅還嘗試用中文寫詩。

利瑪竇作爲早期漢學奠基人的地位是有目共睹的，他精通漢語，著述頗豐，尤爲重要的是晚年撰寫《基督教征服中國史》，該書經金尼閣潤色後在歐

〔註5〕 張國剛：《明清傳教士與歐洲漢學》，北京：中國社會科學出版社，2001 年，第 85 頁。

〔註6〕 張西平：《西方漢學的奠基人羅明堅》，《歷史研究》2001 年第 3 期，第 114 頁。

洲出版，影響巨大。該書分 5 卷撰述，內容主要分為兩部份，第一部份為第
一卷中國概述，主要對中國的地理、富饒程度、物產、機械技術、人文科學
與自然科學、風俗、禮節、迷信、宗教派別等方面進行介紹；第二部份為第 2
至 5 卷，詳細講述了耶穌會在華，從沙勿略嘗試叩擊中國大門的努力到利瑪
竇逝世後一年。作為向西方讀者介紹中國的著作，其中也夾雜了利瑪竇等耶
穌會士對適應策略的表述，以便激發西方社會對中國社會傳教活動的支持，
客觀上，有利於西方世界從善意的角度解讀中國的歷史文化，形成良好的中
國印象。也正是由於利瑪竇等耶穌會士對中國的介紹，使得歐洲民眾對東方
世界抱有更加樂觀的看法，積極支持耶穌會士的傳教工作。正如畢諾所言：「耶
穌會士最早的記述，17 世紀初葉傳教區每年寫的書簡，尤其是金尼閣那部將
許多資料精鍊成一部書，並具有譯成法文本之有利條件的著作都施加了非常
強大的影響。這不僅是由於中國的方位被具體確定下來了，它的存在已不再
受到質疑，而且也是由於地理意義與宗教意義結合在一起了。中國是傳教士
們的思想聖地，他們在那裏取得了拯救靈魂的豐碩成果。因此，從一開始起，
由於耶穌會士的努力，中國就顯得如同一塊享有特權的土地。由於數億居民
的歸化，中國可能會提供驗證基督教眞諦的一種證明，表現出了基督教的擴
張勢力；它同時也提供了天主教眞諦經過驗證的一種證據，改宗教可能會實
現其最終目的，也就是說眞正變成一種世界性的教派。」〔註7〕目前的中文譯
本，1983 年大陸按照英文版，將金尼閣修訂的版本翻譯出版。1986 年臺灣翻
譯了更為齊全的《利瑪竇全集》，包括利瑪竇意大利文所著《利瑪竇中國傳教
史》和《利瑪竇書信集》，因為是原譯，在表達上更為接近利瑪竇本人的思想。
2014 年，中國大陸出版了文錚翻譯的《耶穌會與天主教進入中國史》，在文字
翻譯上更加貼近原著，但仍然存在些許錯誤，這也反映出古今中西文化對話
的不易〔註8〕。

　　繼利瑪竇之後，有名氣的漢學家要數曾德昭。曾德昭，葡萄牙耶穌會士，
一生均在中國南方傳教，1658 年逝於廣州。在 1636 年，曾德昭被派往歐洲，
爭取更多的援助和耶穌會士來華，期間根據自己在華經歷寫就了關於中國的

〔註7〕　【法】畢諾：《中國對法國哲學形成的影響》，耿昇譯，北京：商務印書館，
　　　　2000 年，第 487 頁。
〔註8〕　宋黎明：《「矮子當中的將軍」——評文錚譯〈耶穌會與天主教進入中國史〉》，
　　　　《中國圖書評論》2015 年第 8 期。

長篇報導，即爲《大中國志》。該書首先以葡文於 1641 年在馬德里出版，後備翻譯成多種歐洲文字，對宣傳耶穌會在華傳教事蹟起了重要作用，也爲當今學者研究明後期歐洲早期漢學，有著重要的史料價值。該書採取當時撰述中國的通常體例，分兩卷。上卷分專題記述中國的地理、政治、風俗、考試制度、宗教信仰、商業、貿易等各種問題；下卷則記述基督教輸入中國的起源、發展以及當時所遭受的挫折等等。與利瑪竇的《基督教征服中國史》不同之處在於，對中國的專題講述，曾德昭的著作更爲詳細，占全書的三分之二，而利瑪竇只占不到五分之一的內容，這與兩者在傳教不同時期的宣傳重點差異有關。利瑪竇寫作《基督教征服中國史》，主要是爲保存耶穌會開創中國傳教區的資料，以備後人查閱，他對中國的專題講述，是爲了讓歐洲讀者在查閱全書敘事過程中，對所發生的事件、人物理解更爲方便。當中國傳教區趨於穩定，紮下根基後，所需要的只是鼓動更多的傳教士來華，這時候，曾德昭將重點自然放在前者的專題講述上面，通過對中國豐富內容的專題講解，曾德昭表達了對中國更多的讚美之情，以便讓歐洲傳教士更好地理解和支持利瑪竇所開創的適應路線。作爲葡萄牙爲數不多的漢學家之一，曾德昭可謂是有開創之功，但另一方面，「除了曾德昭之外，葡萄牙人在漢學方面人才匱乏，一直到近代都是如此，也許這和葡萄牙的國勢衰弱有關，也許這也和葡萄牙人太熱衷於傳教、通商而荒疏於文化有關」〔註9〕。除此之外，國家文化思想氛圍促使漢學家能否產生的重要因素，受文藝復興影響不同，自然也會影響到各國家傳教士的文化修養內涵。

衛匡國：意大利耶穌會士，1643 年來華，遊歷中國內地諸多省份，對中國山川人文情況瞭解頗豐，爲成爲歐洲一流漢學家奠定了基礎。衛匡國在華活動 8 年，1650 年作爲耶穌會中國代表團的代表返回歐洲，負責報告中國當時禮儀之爭問題的答辯，並促使教皇亞歷山大七世在 1656 年頒佈對耶穌會有利的聖諭。1659 年，衛匡國返回中國，1661 年在杭州病逝。在歐洲期間，他出版了四部拉丁文著作，《中國文法》、《韃靼戰紀》、《中國上古史》、《中國新地圖志》，以更全面地介紹中國，激發歐洲大眾對中國的好感和興趣，藉此爲耶穌會的適應政策辯護。在中國曾寫就《逑友篇》等著作，以突出友誼這一最具文化適應特色的主題。《中國文法》傳本極少，不易得見。《韃靼戰記》

〔註 9〕吳孟雪：《明代歐洲漢學史》，北京：東方出版社，2000 年，第 54 頁。

是作者根據親身經歷所作，對當時中國的重大歷史事件，做了新聞報導式的講述，對當時人和事件做了自己的解釋。《中國上古史》是寫從人類誕生到基督誕生之間的中國歷史，藉此展現在中國土地上繁衍生息的不同王朝歷史。在《中國新地圖志》中，展現了中國各省的疆界、人民、貢賦、民俗、土產、城市、山川等情況，並講解自己在中國旅行的見聞，是當時歐洲瞭解中國的必讀之書，引起歐洲地理學界的廣泛關注。一版再版，影響巨大。

除以上之外，在明末清初仍然活躍著一些傳教士漢學家，如：卜彌格、安文思等等。

三、利瑪竇對早期漢學的貢獻

（一）語言文字

對西方傳教士而言，語言文字是最需要解決的溝通難題，這也決定了來華傳教士必須對漢語進行學習，甚至研究漢語的語法、結構乃至讀音等問題，這就形成了早期漢學家對漢語學習的一些經驗和認識，對後世漢學家瞭解中國提供了便利的入門工具，甚至也為傳教士在漢語中尋找巴別塔的傳說提供了啟發。

最早對漢語進行研究是羅明堅，他不僅在澳門創辦專門進行漢語學習的「經言學校」，還親身示範，將漢語著作《三字經》、《四書》部份內容翻譯成西文，更重要的是編撰了《葡漢詞典》，據張西平考證，該書基本是羅明堅親自所撰，利瑪竇只是作為助手出現的。對於《葡漢詞典》，楊福錦認為：「《辭典》中的羅馬字注漢字音，是漢語最早的拉丁字母拼音方案。是利氏及《西儒耳目資》拼音系統的前身，也是後世一切中文拼音方案的鼻祖。編寫這部辭典時，羅明堅因為到中國時間不久，初學漢語，記音時，有些漢字拼寫法尚不一致，甚至有模棱含混的地方。不過從拼音資料整體來說，已可使我們歸納出一個大致的官話音韻系統。」〔註10〕之後，利瑪竇在 1605 年編撰了一本辭典，為《西字奇跡》。與羅明堅的不同之處在於，利瑪竇的注音方案開始擺脫羅明堅的意式注音，逐漸向當時為耶穌會士更為熟悉的葡式注音靠攏，也更便捷了傳教士對漢語的學習。緊隨利瑪竇的適應路線，金尼閣在注音方

〔註10〕楊福錦：《羅明堅、利瑪竇〈葡漢辭典〉所記錄的明代官話》，載《中國語文學報》1995 年第 5 期。

式上更進一步，更加體現中式的特點，藉此努力體現中國人的音感特徵，更容易為中國士人接受。〔註11〕

　　早期漢學家對漢語的介紹是逐漸推進的，利瑪竇只是在其著作《利瑪竇中國札記》中對漢語特點做了簡單的介紹，諸如漢語的特點、識記方法等。〔註12〕利瑪竇之後，曾德昭對漢語進行了更為細緻的描述。首先，曾德昭重視漢語的古老性，「中國使用的語言是很古老的，許多人認為它是巴比倫塔的 72 種之一，他們的書籍至少證明，這種語言的使用已超過 3700 年」。其次，曾德昭對漢字的創造有著自己的理解，將之歸因與中國最早的帝王伏羲所造，經過由簡到繁的演變，出現了四種字體，即篆書、楷書、隸書和草書。〔註13〕最後，曾德昭將漢字看做是種文化和修養，「字寫得好的人受到極大的尊敬，他們看重寫字尤甚於繪畫。寫畫得好的古字畫，他們不惜大價收購。最早得到好評的字，總可受到尊敬。」〔註14〕

　　安文思對漢語的研究更為細緻。安文思系統地論證中國漢字為象形文字：其一是中國文字的起源為形象與符號，能夠表達所見事物；其二在於現代文字仍然保留古文字象形的含義；其三象形文字既可以表示自然事物，又可以表達抽象事物；其四歐洲字母文字不是象形文字；其五象形文字能更直觀表示事物，便於識記。可見，安文思將漢字認為是象形文字，並具有強大的表意功能。儘管安文思的研究有種以偏概全的不足之處，但正是通過對中國文字的研究，使安文思意識到，同樣是象形文字，中國人使用的時間甚至要比埃及要早，這就反駁了當時歐洲流行的中國文化西來說，反映了中國歷史的悠久和文化的獨立。〔註15〕

　　此外，安文思對中國文字的易學深有體會，認為：「中國語言比希臘、拉丁或其它歐洲的語言都容易。至少我不能否認它會比我會布道用的其它國家語言要容易得多，這是個很大的便利條件。」並列舉漢語易學的原因

〔註11〕譚慧穎：《〈西儒耳目資〉源流辨析》，北京：外語教學與研究出版社，2008年，第96～98頁。

〔註12〕利瑪竇、金尼閣：《利瑪竇中國札記》，何高濟、王遵仲、李申譯，北京：中華書局，1983年，第31頁。

〔註13〕這裡中文所注分別為古文，行書、揭白和縮寫的字體。孟德衛先生認為分別是篆書、楷書、隸書和草書，根據文章含義，採取孟德衛先生的觀點。

〔註14〕曾德昭：《大中國志》，何高濟譯，上海：上海古籍出版社，1998年，第39～42頁。

〔註15〕安文思：《中國新史》，何高濟譯，鄭州：大象出版社，2004年，第43頁。

在於：其一，漢字音節少，且沒有複雜的語法變化，便於記憶；其二，只要足夠勤奮加之方法在很短時間內便可學會。當然，安文思所言只是針對當時作為歐洲飽學之士的耶穌會士，其漢字易學的經驗適用範圍還是相當有限的。〔註16〕

（二）中國上古史研究

耶穌會士大多有著優越的教育背景，來到中國後更是努力學習漢語，熟悉經史子集，故對中國的歷史文化也有很深的理解和研究，這一方面能更好地感知所在傳教區的人文風俗，另一方面更是為了傳教目的，以便從中找到與基督宗教可以相溝通的地方。

作為首次來華傳教的利瑪竇，他承認對中國歷史瞭解不多，甚至有片面的地方：「中國是一個最古老的帝國，歷史悠久，我們的祖先已認識它，不過僅知名為中國，對其歷史所知不多。他們在過去曾稱為唐人，而現在則稱為『大明』。習慣上中國改名是根據朝代及王位的變遷而有改變，明朝已有二百多年的歷史了。開國皇帝取了名稱，其繼承者也延用下去。接近托勒密時代，中國的朝代似乎為『秦』，那時曾有一位聰明又有威力的君王，他興建了許多軍事城堡，而特別在北方與韃靼為界之處，築了長城，其長度竟是驚人，特名『萬里長城』，歐洲人常稱它為『秦』國，雖然，中國已改變了朝代，但這都沒有關係。」〔註17〕可見，利瑪竇對距離較近的史實是感興趣的，而對上古史則是模糊的，故將秦代誤置於托勒密時代。對大明帝國的建立過程，利瑪竇自然是非常關注的，並向歐洲人做了介紹。〔註18〕此外，利瑪竇出於傳教目的，對中國古史的解釋做了自己的理解，如佛教西竊說和秦火說。

曾德昭在《大中國志》中不僅對當時晚明發生的歷史事件有著詳細的論述，同時對中國上古史也是有所探討。一方面，曾德昭繼承了利瑪竇的觀點，對秦代「焚書坑儒」事件著墨較多，認為這是中國上古帝王譜系難以考察的重要原因。另一方面，曾德昭對中國傳說中的帝王做了評述。曾德昭認為：「他們最初是家族統治，每一家族管理自己的國土，猶如古代的族長社會。其次

〔註16〕安文思：《中國新史》，何高濟譯，鄭州：大象出版社，2004年，第49頁。
〔註17〕利瑪竇：《利瑪竇書信集》，羅漁譯，臺北：光啓出版社，1986年，第40頁。
〔註18〕利瑪竇、金尼閣：《利瑪竇中國札記》，何高濟、王遵仲、李申譯，北京：中華書局，1983年，第44～45頁。

是君主制，但不知它如何開始，而且也沒有關於它起源的明確記錄。」曾德昭根據西方聖經的大洪水歷史觀，對中國編年史提出了質疑，認爲堯作爲中國編年史書中可信的時代，居然比大洪水早了 12 年，認爲編年史書中的年代是有問題的。不僅如此，曾德昭憑藉西方洪水起源說評價大禹治水：「歐洲有人相信這些水是洪水的遺留。中國人儘管在他們書裏大量記載這些水，和水的排除，以及對國家帶來的好處，卻絲毫沒有談到水的來源和成因。」〔註 19〕顯然曾德昭判斷的依據是西方聖經記載中的大洪水傳說，藉此來化解中國史比洪水時代還要悠久的記載對天主教曆史觀的衝擊。而實際上，曾德昭在論說中國歷史起源的問題上是前後矛盾的，一方面認爲堯的時代要晚於洪水時代，另一方面也不得不承認大多數中國文人的觀點，即最早的統治者爲伏羲、神農和黃帝，此外，曾德昭也向西方正面介紹了孔子出生在基督誕生 150 年前。〔註 20〕

安文思對這一問題的解決有獨到之處，他注意到了中國帝王綿延不絕的譜系，「這個國家如此之古老，以至它的統治方式長期保持不變，在二十二支皇族的統治下延續，在四千零二十五年的時間內，產生了兩百三十六位皇帝」。而正是這種悠久的歷史文化傳統，造成了狹隘的民族情緒，「中國人形成一種令人難以忍受的驕傲。他們對於自己國家及屬於他們的一切東西都給予可以想像的最高評價，但對於外國人，他們極端蔑視，對於外國知識學術的長處，儘管他們自己對此一無所知，也同樣蔑視」。此外，安文思注意到中國學者對中國歷史的起源存在三種不同意見：其一，認爲起始於數十萬年前，安文思引用孔子的觀點認爲這是無稽之談；其二，認爲伏羲是國家創始人，這是大多數文人贊同的；其三，中國是由堯奠基的，且有編年史記載的，但著面對和曾德昭同樣的苦惱，即這比大洪水年代早。安文思在處理這一問題上，認爲傳教士必須使用《聖經》七十子譯本來替代拉丁文通行本。據孟德衛考察，「七十子譯本中創世發生在公元前 5200 年，大洪水則在約公元前 2957 年，這就爲調和中國年表與《聖經》中的歷史事件提供了更大的空間。總之，認爲大洪水發生在伏羲統治時期之前是可能的，因此挪亞就得以保持其人類

〔註 19〕 曾德昭：《大中國志》，何高濟譯，上海：上海古籍出版社，1998 年，第 128 ～129 頁。

〔註 20〕 曾德昭：《大中國志》，何高濟譯，上海：上海古籍出版社，1998 年，第 58 頁。

共同祖先的地位」。〔註21〕可見，安文思在處理中國歷史起源問題上，是依據
《聖經》歷史觀，維護其傳教目的的。

但衛匡國卻對這一問題提出了有力挑戰，顯示出傳教士在維護聖經權威
和中國歷史早於聖經記載史實之間的兩難選擇。與安文思不同，衛匡國按照
中國大多數文人的觀點將伏羲作為中國歷史的開端，如果這樣，當西方世界
還處於洪荒時代時，中國已經建立了君主制的國家，這對挪亞作為人類始祖
的聖經觀點是嚴重相悖的。即使如安文思所為，採用堯作為中國歷史的開端，
衛匡國仍然認為是有問題的，因為堯的時期，中國也發生了洪水，這同樣會
危及挪亞的人類始祖地位。更何況這兩次洪水是否為同一場洪水，是值得懷
疑的。〔註22〕衛匡國對中國歷史的研究，對歐洲學者有著重要影響，如杜赫
德所編《中華大帝國全史》，其歷史部份即受衛匡國影響。此外，孟德斯鳩對
中國的判斷很多也取自該書，伏爾泰更是用中國歷史的悠久和年代學駁斥聖
經歷史觀的虛偽。〔註23〕

（三）契丹即中國的論證

自元末之後，西方將近一個多世紀沒有和中國發生直接聯繫，惟有的只
是馬可波羅對中國夢幻般的描述，但契丹究竟在什麼地方，歐洲人對此始終
莫衷一是，故無論是到東方的旅行家還是傳教士，都將發現傳說中的契丹視
為理想。而隨著利瑪竇等傳教士入華，認定以往所言的契丹即中國，這是繼
地理大發現之後的，知識觀念上又一次重大突破。

早在1595年第一次到南京期間，利瑪竇就憑藉其敏銳的觀察，認為南京
即為馬可・波羅所說的契丹的都市之一，「其一，因為在中國不曾聽說附近有
什麼國土有這麼大的城市；其次由於它享有偉大的特質與許多橋樑。雖然我
不曾找到馬可波羅所描寫的那麼多的橋樑——一萬兩千座，但由於河川縱
橫，尤其秦淮河分內外兩條，城這樣的廣袤，把它圍繞兩道，言有數千橋樑
並不為過」。〔註24〕但隨著利瑪竇第一次進京傳教，很快利瑪竇就轉變了看
法，認為北京即為汗八里，中國即是契丹。利瑪竇認為，之所以人們長期以

〔註21〕孟德衛：《神奇的國度：耶穌會適應政策及漢學的起源》，陳怡譯，鄭州：大
　　　　象出版社，2010年，第96頁。
〔註22〕孟德衛：《神奇的國度：耶穌會適應政策及漢學的起源》，陳怡譯，鄭州：大
　　　　象出版社，2010年，第124頁。
〔註23〕許明龍：《孟德斯鳩與中國》，北京：國際文化出版公司，1989年，第50頁。
〔註24〕利瑪竇：《利瑪竇書信集》，羅漁譯，臺北：光啓出版社，1986年，第233頁。

來對此混淆，主要出於兩種誤解，並做了批判：「我們所根據的第一條線索，是以前的書上都說，大契丹在波斯的東邊，在韃靼人的南方；但中國對這個鄰近的大國一點消息也沒有；若有個這樣的大國，似乎不可能與中國沒有戰爭，或貿易關係，或至少該有消息。又說在大契丹，有稱爲『江』的河從東到西；其實那就是揚子，中國人稱之爲江，又說，在契丹南部有九國，在北部有六國；這正是中國的十五省，在長江南面有九省，在長江以北有六省。」〔註25〕此外，依照京城的有利地位，利瑪竇接觸到從中亞陸路來華的貢使和回回商人，得到契丹即中國這一同樣的答案，也印證了利瑪竇的判斷。不僅如此，利瑪竇對契丹名稱的由來做了考察：「因爲中國人在所有的書中都稱韃靼人爲『虜』，『北字』讀爲（pa），而『汗』字在韃靼文中是『大』的意思；所以 Cambalu（汗八里）就等於『大北虜』。韃靼的皇帝征服了中國後，朝廷是設在北京，因此就稱之爲『汗八里』。波斯的回教徒，有的發不好 pa 之聲，而讀爲 ba，因此遂有 Cambalu 之稱。似乎就在韃靼統治中國的時候，我們的馬可波羅是與韃靼人在一起，並跟著來到中國，讓歐洲第一次知道有個叫契丹的國家，而其京都叫汗八里。以後又從葡萄牙人那裏得到了關於這個國家的消息，因爲朝代已改，稱之爲支那，稱其都城爲北京；葡萄牙人是由南方海路到的中國。我們的地理學家把一個國家想成了兩個相鄰的國家，直到現在才知道了事情的眞相。」〔註26〕利瑪竇也首次將這一消息傳達給歐洲社會。

　　1601 年，利瑪竇最終得以在北京立足，在被拘於北京四夷館期間，得以遇見更多的外國貢使，尤其與回回教徒交往，更加確信契丹即是中國：「契丹就是中國，而北京就是汗八里，在世界上除了中國外，沒有另外一個契丹，因此神父寫信告訴印度及歐洲的朋友，他們該修改地圖，不要把契丹與中國分成兩個國家，而把契丹放在長城以外。北京就是元朝的京城，現在變了許多，也許比以前小了；馬可波羅說那裏有百萬座橋，現在仍留下了許多，似乎有一萬多座，有的很漂亮，也很大，河上的，運河上的，排水溝上的，每條都有。」〔註27〕但利瑪竇的結論遭到印度長上的質疑，直到 1608 年，鄂本

〔註25〕利瑪竇：《利瑪竇中國傳教史》，劉俊餘、王玉川譯，臺北：光啓出版社，1986年，第 282～283 頁。

〔註26〕利瑪竇：《利瑪竇中國傳教史》，劉俊餘、王玉川譯，臺北：光啓出版社，1986年，第 283～284 頁。

〔註27〕利瑪竇：《利瑪竇中國傳教史》，劉俊餘、王玉川譯，臺北：光啓出版社，1986年，第 355 頁。

篤修士親身穿過中亞商路來到中國甘肅境內，才最終確認契丹即爲中國，但鄂本篤尚未來得及向歐洲公佈探險結果就病逝了。利瑪竇根據鄂本篤的見聞記錄，整理了鄂本篤的探險經過，寫就了三卷鄂本篤中亞探險記，收錄入其《基督教征服中國史》中，爲這一探險成果保存了重要的史料。依照鄂本篤的探險經歷，利瑪竇最終得出「契丹就是中國，在契丹除了我們所建立的教會以外，沒有其它教會存在」的結論〔註28〕：

> 我們獲得結論：第一、中國即是契丹，北京就是汗八里，這是回民這樣稱呼的。第二、我們歐洲地圖製造者都把契丹繪在中國北方，對其中所繪的地方、名稱等，我曾多方打聽，根本不見經傳；即是「契丹」是一個大國，處於中國近旁，怎麼可能沒有一點消息？我對中國書籍讀得不少，也知中國長城以北的地理。第三、蒙古人於五百年前曾佔據整個中國與契丹，那時我們的馬可波羅來到北京，對元朝的中國曾有描述，當時在位的皇帝爲偉大的忽必烈。我對中國書讀音稍有心得，中國讀音中無 R，但蒙古人說中國話卻帶有 R 音。第四、在世界地圖上還看見不少地方繪在中國北部，如疏勒、西遼及其它地方，全在北緯四十度以南。因爲鄂本篤修士的旅行報告，他謂從喀布爾出發，直到進入中國國境，常是面向東而行，因此我深信北京處於北緯四十度，而肅州較北京還要低一度或多一些；總之中國沒有城市座於北緯四十度以北。

對契丹即是中國的確認，是西方知識觀念上的一大進步，其意義應該不亞於證明地球是圓的，使西方人長期急欲尋找的黃金和香料的國度終於得到了確認，更激發了西方人東來的欲望。

（四）中國基督宗教遺跡的調查

爲了在中國擺脫一種新興外來宗教的印象，來華傳教士極力探訪在中國是否有基督宗教流傳的遺跡，以證明基督宗教很早就已經在中國傳播，藉此消除中國民眾的牴觸心理。

一方面，耶穌會士極力渲染聖多默東方傳教的傳說。利瑪竇重新喚醒了這種聖多默傳說的熱情：「……佛教傳到中國的年代，正是福音開始傳播的年代，聖巴爾多祿茂是在印度北部傳教，是印度本境或其相鄰地區；而

〔註28〕利瑪竇：《利瑪竇書信集》，羅漁譯，臺北：光啓出版社，1986 年，第 376 頁。

聖多默是在印度南部傳教。因此可以想到，中國人聽到了福音之消息，故此派人到西方求道；但是派去的人或是因了錯誤，或是受了當地人的欺騙，帶回來的是佛典，而不是福音。」〔註 29〕可見，利瑪竇的判斷還是十分謹愼的，並沒有提及聖多默到達中國，也沒有說明中國人從聖多默那裏聽說過福音，但利瑪竇作爲中國傳教區長上，又不能說破這層道理，「他不僅要保留並維護這個故事所具有的象徵意義，而且還必須兼顧沙勿略等眾多前輩的聲望，以免耶穌會的信譽受到捕風捉影的損害」。〔註30〕之後，金尼閣在整理利瑪竇的書稿，準備在歐洲出版時，就已經改變了利瑪竇謹愼的態度，對此傳說極力渲染，以喚起歐洲民眾的宗教熱情，招募更多傳教士來華。金尼閣說道：「鑒於我們從馬拉巴地區，從迦勒底文聖經抄本中所收集到的資料，我們還可以把基督教在這些地區的起源追溯到更早的時候，而這個抄本甚至最挑剔的反對者也難以否認就是使徒多默所宣揚的。這些資料裏說得是很清楚，是聖多默本人把基督教傳入中國的，他確實在這個國家修建了教堂。」不僅如此，金尼閣引用兩段提及中國的著名禱詞來證明聖多默的中國傳教的眞實性。〔註31〕

隨著利瑪竇適應政策的深入，對聖多默傳說的證明被後來耶穌會士所繼承。曾德昭採取金尼閣類似的證明方式，認爲基督宗教早已在中國盛行，並據此試圖查閱中國典籍，來尋找相關記載，「我們曾極力查閱該國的史書，很意外地沒有發現有關的記載，而我們深知，中國人對他們本國的事是好奇和孜孜不倦的探索者，以致他們把有關的記憶傳之永世」。〔註32〕作爲 17 世紀著名的耶穌會士和漢學家，基歇爾將之正式納入漢學考查範圍，參考當時印度傳教士的著作，諸如《印度探險史》、《馬拉巴編年史》等，並憑藉自己對東方文字的破解作出嚴謹的考證，認爲聖多默從敘利亞來到印度，並通過後繼的敘利亞主教們將基督精神擴展到中國。〔註33〕將這一傳說顯得更加確信

〔註29〕利瑪竇：《利瑪竇中國傳教史》，劉俊餘、王玉川譯，臺北：光啓出版社，1986年，第 87 頁。

〔註30〕戚印平：《遠東耶穌會史研究》，北京：中華書局，2007 年，第 38 頁。

〔註31〕利瑪竇、金尼閣：《利瑪竇中國札記》，何高濟、王遵仲、李申譯，北京：中華書局，1983 年，第 123～124 頁。

〔註32〕曾德昭：《大中國志》，何高濟譯，上海：上海古籍出版社，1998 年，第 188頁。

〔註33〕【德】基歇爾：《中國圖說》，張西平、楊慧玲、孟憲謨譯，鄭州：大象出版社，2010 年，第 123 頁。

無誤。而基歇爾對此的論證是要反擊反對者的,「我們能夠把這些王國基督教的起源同早期我們在馬拉巴收集的迦勒底的手抄本聯繫起來。是上帝的使徒聖多默把基督精神帶到這一帶,這一點毋庸置疑,甚至一些惡意的批評對此也不表示懷疑」。〔註34〕而當時持反對意見的主要是禮儀之爭背景下對耶穌會士適應政策不滿的歐洲其它修會傳教士,基歇爾通過對這一傳說的論證用以支持耶穌會的適應路線。可見,聖多默的傳說,是受到當時東方傳教這一特定的環境和傳教的具體需要影響的,並使之不斷豐富,進而成為利瑪竇等傳教士適應路線的重要內容和策略。

另一方面,積極尋訪基督宗教的歷史遺跡。

聖多默的傳說並不能使人真正信服,還必須要有真正的對象作為佐證。利瑪竇對基督遺跡的探訪是從對開封猶太人的調查開始的,起初當中國猶太人艾田在北京訪問利瑪竇時,雙方確認彼此的教義是相同的,利瑪竇誤認為艾田為基督徒,但當利瑪竇仔細詢問對方教義,並派遣徐必澄前往開封調查,才最終確認是猶太人,但也從中得到有關基督宗教遺跡的消息。「這些見證有些是從我們前面提到過的那位來訪者那裏得到的,有些則是由過去幾年中觀察到的一些迹象推論出來的。」在長期的苦思冥想中,利瑪竇意識到,若在中國尋找基督徒這個名稱,是無法探尋到基督遺跡的,「在他描述基督徒以及引用舊約中有關聖十字架的各個段落時,卻終於恰好碰到了他正在苦心尋找的東西。中國人根本沒有十字架這樣一種東西的概念。事實上,在他們的語言中也沒有一個特定的字來表達這個意思,所以我們的神父得給它想出一個中國字來。他們選擇了表示十這個數字的中國字,它寫作『十』,樣子很像十字架」。〔註35〕這樣,經過利瑪竇的創造性的詮釋,「十」代表十字架,找尋基督遺跡即是找尋「十」這一代表基督宗教的標誌性符號。根據這一線索,傳教士陸續發現一些基督宗教的遺跡,「我們的以色列朋友想起在他家鄉的首府開封府和山東省商埠的臨清都有一些異鄉人,他們的祖先是從外國來的,遵守崇拜十字架的宗教習慣」。此外,「我們的神父看見一個串街走巷的古董商人賣一座鑄作美麗的鐘。鐘頂

〔註34〕【德】基歇爾:《中國圖說》,張西平、楊慧玲、孟憲謨譯,鄭州:大象出版
　　　　社,2010 年,第 120 頁。
〔註35〕利瑪竇、金尼閣:《利瑪竇中國札記》,何高濟、王遵仲、李申譯,北京:中
　　　　華書局,1983 年,第 119 頁。

上的雕刻表現著一座廟宇或教堂，在它前面則是一個十字架，四周有希臘文的銘文」。〔註36〕自然這些只是利瑪竇等人的揣測，因爲在元末對外來宗教的打壓下，即使有基督宗教的跡象，出於恐懼心理也不會向外人透漏，金尼閣不無地遺憾說：「截止目前爲止，還沒有歐洲的牧師能訪問這些地區，因爲教會抽不出人來，但是總有一天我們將在那裏建立住所，並消除縈繞著這些人的恐懼心理。」〔註37〕對中國基督宗教遺跡的來源，金尼閣做了部份推測，「很有可能十字架的信徒源出於亞美尼亞並在不同時期由西方進入中國。這可能發生在韃靼大軍橫掃中國的時候，看來似乎和威尼斯人馬可波羅進入中國大致同時」。〔註38〕但隨著明末《大秦景教流行中國碑》的發現，基督宗教遺跡的年代被大大向前推進。

　　該碑文於 1625 年在陝西省西安市發現，當時的李之藻等對此有所介紹，曾德昭將這一信息首次帶入西方，並將碑文翻譯成西文。曾德昭通過對碑文和雕刻等的解讀，確信基督宗教在唐代已經傳入中國，但在曾德昭眼中，碑文的發現只是彌補了從聖多默到耶穌會士來華中間缺失的一個重要環節，「在以前它已由使徒傳到那裏……不過，如在幾個國家發生的情況一樣，在使徒們布道之後，它在一定時候就絕滅了，但由於其它人的努力重新恢復」。正因此，在曾德昭看來，第一次在中國傳道的是聖多默，第二次是景教，而第三次進入中國的則是耶穌會士。根據這一傳教年代的譜系，試圖說明基督宗教在中國傳播已久，同中國其它宗教一樣，不能視爲外來宗教加以排斥。其後，衛匡國、卜彌格等都對此做過介紹，其中尤以卜彌格的譯文影響頗大，耶穌會士漢學家基歇爾正是通過卜彌格的準確譯文對該碑文進行了詳細研究，並認爲「對這些引人注目和微妙的事情的解釋是有意於後來的傳教士的」。〔註39〕而這在當時禮儀之爭的背景下尤顯得重要。中國教徒也藉此護教，改善外來宗教的不利形象，如徐光啓：「頃自利子以來，雖一甲子而近，乃自阿羅本

〔註36〕利瑪竇、金尼閣：《利瑪竇中國札記》，何高濟、王遵仲、李申譯，北京：中華書局，1983 年，第 120 頁。

〔註37〕利瑪竇、金尼閣：《利瑪竇中國札記》，何高濟、王遵仲、李申譯，北京：中華書局，1983 年，第 121 頁。

〔註38〕利瑪竇、金尼閣：《利瑪竇中國札記》，何高濟、王遵仲、李申譯，北京：中華書局，1983 年，第 122 頁。

〔註39〕基歇爾：《中國圖說》，張西平、楊慧玲、孟憲謨譯，鄭州：大象出版社，2010 年，第 76 頁。

賓唐，至於今一千餘載，不爲不久矣，以其時考之或可矣，況聖明御世，日月重新，盛德大業，十倍唐宗，皇矣鑒觀，得無意乎」〔註40〕。

（五）中國哲學

1、儒家思想

中國哲學在西方的第一個西傳譯本，爲高母羨翻譯范立本的《明心寶鑒》，書中有孔子、孟子、荀子、老子、莊子、朱熹等哲學家的論述和格言。高母羨雖然不像後來的耶穌會士那樣深入地研究儒家思想，但他「畢竟是 16世紀第一個把中國文獻譯成歐洲語言的人」。〔註41〕隨著耶穌會士來華，開始將孔子學說更爲系統地向西方社會傳介。

中國本土第一個翻譯《四書》的據說是羅明堅，但並未完成。

隨後，利瑪竇著手進行更精確的翻譯。利瑪竇在 1594 年 11 月 15 日的書信中說：「幾年前我著手翻譯著名的中國《四書》爲拉丁文，它是一本值得一讀的書，是倫理格言集，充滿卓越的智慧之書。待明年整理妥後，再寄給總會長神父，屆時你就可閱讀欣賞了。」〔註42〕目前，尚未找到該文本。在利瑪竇之後，金尼閣不僅將利瑪竇的《基督教征服中國史》在西方整理出版，更用拉丁文翻譯了《五經》，並在杭州刊刻，但該譯本至今下落不明。

曾德昭是較早對孔子學說進行介紹的傳教士。並對孔子給予很高評價：「孔夫子這位偉人受到中國人的崇敬，他撰寫的書及他身後留下的格言教導，也極爲重視，以致人們不僅把他當做聖人，同時也把他當做先師和博士，他的話被視爲是神諭聖言，而且在全國所有城鎮修建了紀念他的廟宇，人們定期在那裏舉行隆重儀式以表示對他的崇敬。考試的那一年，有一項主要的典禮是：所有生員都要一同去禮敬他，宣稱他是他們的先師。」〔註43〕

對中國儒家經典，他認定《四書》是強調政府應建立在家庭和個人的道德之上，「這九部書是全中國人都要學習的自然和道德哲學，而且學位考試時要從這些書中抽出來供學生閱讀或撰寫文章的題目」。在對儒家祭祀禮儀的介紹中，繼續沿著利瑪竇的路線，詳細敘述了敬天和祭祀過程，影響了後來西

〔註40〕徐光啓：《景教堂碑記》，《徐光啓詩文集》，上海古籍出版社，2010 年，第 379 頁。
〔註41〕王漪：《明清之際中學之西漸》，臺北：商務印書館，1979 年，第 50 頁。
〔註42〕利瑪竇：《利瑪竇書信集》，羅漁譯，臺北：光啓出版社，1986 年，第 143 頁。
〔註43〕【葡】曾德昭：《大中國志》，何高濟譯，上海：上海古籍出版社，1998 年，第 59 頁。

方思想家對儒家的看法。在曾德昭看來，儒家的禮敬主要是對先輩父系的崇拜，「在可能導致家庭內的治理、和諧、安寧、和平時，他們把一切都安排妥善，並實行德行」，曾德昭的看法基本還是準確的。〔註44〕

安文思對儒家相關經典著作做了簡要介紹，尤其對《中庸》做了詳細的闡釋。〔註45〕在對孔子祭禮的描述中，更加淡化其宗教含義：「這個國家對那位哲人極爲尊敬，儘管他們不把他當作神祇崇拜，但爲他舉行的典禮的規模之大卻超過祭拜偶像或浮屠的儀式；他們不能容忍把他叫做偶像或浮屠，反把這種稱呼當做是大不敬。我可以再補充幾個中國人對這位哲人的說法，實際上他是一個有學問的人，天賦種種品德。……他具有爲王或當皇帝所需的種種條件和品質，但命運和上天不幫助他。」〔註46〕

衛匡國將《大學》的第一段譯成了拉丁文，這是繼羅明堅的部份翻譯後，《大學》譯文第二次在歐洲公開出版。尤爲注意的是，衛匡國對孟子的介紹，認爲：「孟子是一位『非常高尚和極有雄辯能力的哲學家』，說孟子在儒家中的地位僅次於孔子，佔有十分顯赫的地位。他還簡略地將孟子與梁惠王的談話轉譯成了拉丁文。相比較於孔子，衛匡國認爲孟子有些學說是有礙於基督教的。」〔註47〕

由上可見，對儒家思想的傳播，基本沿著利瑪竇所開創的適應路線展開的，突出其自然倫理的特性，這對文藝復興之後的西方思想界對人的提倡，有著重要的借鑒意義。

2、道教

據西方學者 Lack 的研究，最早向西方介紹道教情況的是 1590 年在澳門出版的一本拉丁文著作，作者不詳，其中介紹了老子，莊子以及道教的一些情況，後該書被 Hakluyt 收錄入「Principal Navigation」一書中。〔註48〕

〔註44〕【葡】曾德昭：《大中國志》，何高濟譯，上海：上海古籍出版社，1998年，第104頁。
〔註45〕【葡】安文思：《中國新史》，何高濟譯，鄭州：大象出版社，2004年，第92～93頁。
〔註46〕【葡】安文思：《中國新史》，何高濟譯，鄭州：大象出版社，2004年，第91頁。
〔註47〕張西平：《中國與歐洲早期宗教和哲學交流史》，北京：東方出版社，2001年，第302頁。
〔註48〕轉引自張西平：《中國與歐洲早期宗教和哲學交流史》，北京：東方出版社，2001年，第318頁。

之後對道教系統描述的爲利瑪竇。在《利瑪竇中國札記》中，利瑪竇對道教的緣起、經典、衣著以及日常行爲做了簡要的論述。在講到道教的理論時，利瑪竇認爲：「道教也講天堂，是教徒們受賞的地方，壞人則到地獄裏去。但是道教的天堂地獄與佛教的不一樣：道教說人死後，肉體與靈魂一起昇天；在他們的道觀裏，就有活人昇天的圖畫。爲了能夠得道昇天，道士們教人練各種工夫，怎樣打坐，念什麼經文，也喝某些藥；他們說在神仙的幫助下，如此能到天上永生，或至少能在世上延年益壽。雖然很容易看出，這些都是荒誕不經之談，是騙人的，但因中國人極欲長久享受現世的幸福，許多人便想那是可能的，一直到死，執迷不悟；練了各種工夫後，有的比常人死的還早。」〔註49〕這基本符合中國道教的事實，但對有悖於天主教理論的道教三清信仰、符咒驅魔等等做了批判，站在自然理性的角度從西方科學層面揭露其荒謬性。但利瑪竇對道教與皇權的關係是很感興趣的，這有利於其借鑒其傳教方式：「這個教派的道士們住在皇家祭祀天地的廟裏，他們的部份職責就是當皇帝本人或代表皇上的大臣在這些廟裏舉行各種獻祭時必須在場。這當然有助於提高他們的聲望和權威。」〔註50〕

之後，曾德昭對道教的服飾、修練特點乃至禮儀狀況做了介紹。認爲道士「把最終的幸福寄託在肉體上，以求得安寧、平靜的生活而無辛勞、煩惱。這一教派相信一位大神及別的小神都是肉身的。他們相信榮光和地獄；榮光不僅在來世，也在今世和肉體相結合」。並道教祈雨等宗教活動的有效性，他提出質疑：「他們假裝是術士，能夠祈雨，把鬼物從作祟的地方驅走，但他們什麼都不能做，有時在做法時被鬼怪可恥地擊敗；在大旱時他們說能祈雨，常常延長祈雨的時間，直到下雨的時候。」〔註51〕

3、佛教

門多薩在《中華大帝國史》中對佛教的管理制度、資金來源、服飾、日常生活做了全面敘述。〔註52〕

〔註49〕利瑪竇：《利瑪竇中國傳教史》，劉俊餘、王玉川譯，臺北：光啓出版社，1986年，第92頁。

〔註50〕利瑪竇、金尼閣：《利瑪竇中國札記》，何高濟、王遵仲、李申譯，北京：中華書局，1983年，第111頁。

〔註51〕【葡】曾德昭：《大中國志》，何高濟譯，上海：上海古籍出版社，1998年，第105頁。

〔註52〕【西】門多薩：《中華大帝國史》，何高濟譯，北京：中華書局，1998年，第52～53頁。

　　之後，利瑪竇儘管出於護教的目的，對中國佛教的認識是有誤解的，但利瑪竇對佛教西傳歐洲是有著重要貢獻的。對中國佛教的各個方面，利瑪竇幾乎都有所涉及，豐富了西方社會對異域文化的瞭解。利瑪竇不僅對佛教教義有著自己獨到的批判，對當時佛教生活也著意描繪。如對和尚生活的描述，大多是持否定含義的，系統介紹了僧團生活的腐敗，道德淪落。在對寺院經濟的介紹中，對寺院出租客房，牟取大筆收入，但其影響則是負面的，「這種普通住房原是用來作爲宗教中心的，但看起來卻更像是嘈雜的大旅店，人們在這裡聚會，花費時間來崇拜偶像或學習這種邪教的意義。」對佛教各教派的門戶獨立也有著深刻的認識：「和尚們的寺院按大小分爲不同等級。每個等級都由一個終身任職的執事來經營。按照繼承法這一職務由一名作奴服役出身的門徒繼任。對於這類門徒，執事可以隨自己的願望和能力施以教育。在這類分別獨立的團體中沒有更高的上級。」〔註53〕

　　繼利瑪竇之後，曾德昭對佛教做了深入分析。在論及中國佛教來源上，採取利瑪竇等人的立場，認爲是由漢明帝在夢中受命派人西去求法。利瑪竇認爲佛教是三教中惟一有偶像崇拜的宗教，並對此持批判態度。對佛教的特點，曾德昭總結道：「和尚的教派都指望在今世做懺悔，以求得來世的好報應。他們相信畢達哥拉斯的轉世說，而且靈魂要墮入地獄，他們認爲，地獄共有9層，在經歷所有這些的地獄後，那些行善的人再轉世爲人。而另一些德行一般的人，則投胎類似人的動物。但那些轉生爲禽鳥的情況最壞，沒有希望在來世投生爲人，而是立刻轉爲另一類生物，首先要經歷另一生物之劫。」〔註54〕相比於利瑪竇，曾德昭對待佛教更爲寬容，例如在看待僧人方面，與利瑪竇的刻薄描述相反，曾德昭認爲：「這一教派的人，大部份沒有壞名聲，表現得順從，謙遜，要是從服裝看覺得他們低賤，要是從他們所受的待遇看，感到他們卑下。」〔註55〕在對待三教合一問題上，則理性得多：「第一個教派的儒生，模仿天和地，把一切都僅僅施用於今世的人身、家庭和國家的治理，不管死後的事。第二個教派的道士，完全不顧他們的家庭或政府，只管他們

〔註53〕利瑪竇、金尼閣：《利瑪竇中國札記》，何高濟、王遵仲、李申譯，北京：中華書局，1983年，第109頁。

〔註54〕【葡】曾德昭：《大中國志》，何高濟譯，上海：上海古籍出版社，1998年，第108～109頁。

〔註55〕【葡】曾德昭：《大中國志》，何高濟譯，上海：上海古籍出版社，1998年，第108頁。

的肉身。第三個教派的釋迦，則不管肉體，只管精神、內在和平、知覺的安寧。因此他們有一句話，『儒士官，道士身，釋士心』這就是說，儒生管治國家，道士身體，和尚心靈。」三者教義爲三，理則實一。〔註56〕

第二節　西方世界的中國印象

　　中西文化交往，在互相認知中形成了不同的印象，經過長期的積澱，潛在地影響著中西方關係的處理方式。當前，受到薩義德東方學理論的激發，很多人將西方漢學對中國的認知作爲文化殖民的體現，其間充滿了話語霸權和想像性建構。對此我們應該有清醒的認識，不可以誇大話語背後的權力機制。事實上，剝離話語形成背後的權力影響，仍然具有其對中國文化真實感受和體驗，其中也不乏真知灼見，作爲我們自身文化建設的參照。

一、前漢學中的中國印象

　　隨著新航路開關，西方使節、商人等開始陸續抵達遠東，逐漸形成了對中國的初步印象，一方面延續馬可波羅遊歷的印記，另一方面又增添了新的視野。周寧先生將之概括爲：「歐洲此時的中國形象，有兩條並行但又相互隔絕的線索，一條是新發現得有關大明或中國的地理與歷史知識，另一條是馬可波羅與曼德維爾式的有關大汗統治的契丹與蠻子的傳奇。」〔註57〕這即是說，經過長達一百多年的交往停滯期後，西方對中國的印象仍然停留在馬可·波羅所描述的大汗的中國想像上面，由於此時傳教士並未深入中國，對中國的印象想像大過真實。但隨著葡萄牙和西班牙在中國沿海地區的活動和商貿往來、使節考察，對中國的真實面目逐漸變得清晰起來。

　　張國剛先生考證，該時期西方對中國形象主要表現在三個方面：「中國民豐物阜、法制先進、文明進步。」〔註58〕而對中國印象也是與歐洲的生存經驗和美好願望分不開的。16 世紀的歐洲不僅物質貧乏，亟需東方的香料和奢華物品，而且司法不公，對中國司法的讚美正是表達了對歐洲審判制度的不

〔註56〕【葡】曾德昭：《大中國志》，何高濟譯，上海：上海古籍出版社，1998 年，第 110 頁。

〔註57〕周寧：《天朝遙遠：西方的中國形象研究》，北京：北京大學出版社，2006 年，第 45 頁。

〔註58〕張國剛：《從中西初識到禮儀之爭》，北京：人民出版社，2003 年，第 148 頁。

滿。如佩雷拉在比較中西方司法制度後，認爲：「作爲不信教的人，他們的司法制度在我看來相當優越，因爲對於我們這些外國囚犯，他們使用的是適用於我們的法律。我們不知道，即使是在任何一個信奉基督教的土地上，如果發生像我們這樣的平民百姓被抓住，語言不通，又與當地的兩個大官相對抗這類情況，會有什麼樣的結局。我們當時所看見的是，司法程序結束後，兩名大官被革職查辦，據說，他們逃脫不了被砍頭的命運。這就可見他們執法的公正。」〔註59〕此外，16世紀正是歐洲文藝復興和技術革新的關鍵時期，對中國的科技、文化藝術的關注也是其文化環境的需要。

門多薩的《中華大帝國史》是對該時期中國遊記形象的總結，也是一個轉捩點。在該書中，門多薩除了重複遊記旅行家們的中國形象之外，更加突出了中國作爲中華大帝國的形象。

二、利瑪竇與中華帝國形象

（一）行政制度

早在1584年9月13日利瑪竇寫給西班牙稅務司司長羅曼先生的書信中，沿著在澳門撰寫的《論中國的奇跡》的思路，加上在肇慶的見聞，對中國歷史演變、地理位置、城市與山脈、風俗習慣、科技水準、宗教信仰做了全面的敘述。初次來到中國內陸的利瑪竇不無歡欣地感受到，「中國土地的肥沃、美麗、富有和中國人的知識與能力，眞是卓越異常，太高太大了，如果把它詳細寫出，那就需要幾大冊了」。面對中國富裕的物質生活，利瑪竇也充滿詩意地說道：「中國天生好奇與樂觀，它整個看來像一座大花園，並有無可形容的寧靜與安詳。陸地上充滿著果樹、森林、蔬菜，大部份都能航行船隻，大運河還可通航到北京，人們也可以由陸路前往，那需要三個月，總之，水陸兩路，任人自取，好像一個大威尼斯。」但在見證了馬可·波羅對中國物質豐裕的描寫後，利瑪竇顯然對中國的政治治理更感興趣，而這正是有感於意大利四分五裂的局面長期不得改觀。所以利瑪竇對中國主導下的東亞政治秩序很是讚賞，「他們以爲中國就是整個世界了，或至少中國佔有世界之大部份，並爲首要之地了，因此，他們自稱爲全世界的君王，他們因此也非常自傲，以爲沒有一個國家可以與中國相比擬的，而這些附庸國也畏懼他的權力，

〔註59〕佩雷拉：《我所瞭解的中國》，澳門《文化雜誌》編：《十六和十七世紀伊比利亞文學視野裏的中國景觀》，鄭州：大象出版社，2003年，第55頁。

因爲在一刹那間，即可武裝很多的船隻，這足以威脅任何國家，即使在這方面，任何再大的國家也無能爲力」。但利瑪竇對歐洲傳遞的信息顯然不僅僅意在說明中國的強大，而更是愛好和平的民族，是可以通過平等交流交往的，「中國人很少練兵打仗，在他們中，武功也是很少提到的事，……除軍人外，其它人不能在家藏有武器」。〔註60〕即使在晚年，在與歐洲比較之後，利瑪竇也是對此肯定地說：「在這樣一個幾乎具有無數人口和無限幅員的國家，而各種物產又極爲豐富，雖然他們有裝備精良的陸軍和海軍，很容易征服鄰近的國家，但他們的皇上和人民卻從未想過要發動侵略戰爭。他們很滿足於自己已有的東西，沒有征服的野心。在這方面，他們和歐洲人很不相同，歐洲人常常不滿意自己的政府，並貪求別人所享有的東西。西方國家似乎被最高統治權的念頭消耗得筋疲力盡，但他們連老祖宗傳給他們的東西都保持不住，而中國人卻已經保持了數千年之久。」〔註61〕在對中國的科學、文學成就的描述中驚奇地說道：「這些人從沒有和歐洲交往過，卻全由自己而經驗而獲得如此的成就，一如我們與全世界交往所有的成績不相上下。中國政府治國的能力超出其它所有的國家，他們竭盡所能，以極度的智慧治理百姓，若是天主在這本性的智慧上，再從我們天主教的信仰而加上神的智慧的話，我看希臘的哲學家柏拉圖，在政治理論方面也不如中國人。」〔註62〕在與中國文化初步接觸後，利瑪竇對中國社會文化有了更清醒的認識，更加與歐洲中心主義劃清界限，採取尊重中國文化的態度，使天主教更適宜中國文化。

利瑪竇對中國政體的理解是完全西方式的。西方政治學之父亞里斯多德將政體劃爲三類，即：貴族政體、君主政體和共和政體，這種劃分標準爲西方人所延續。利瑪竇借用西方傳統的政體觀看待中國，自然是矛盾的，「在利瑪竇看來，明代中期似乎採用的是一種君主立憲政體，在這個國家裏，君主的權力和特權被一整套成文法和刑法所嚴格限制，『文士』集團集體對全社會施行一種眞正的道義權威」〔註63〕。

〔註60〕利瑪竇：《利瑪竇書信集》，羅漁譯，臺北：光啓出版社，1986年，第48、55頁。

〔註61〕利瑪竇、金尼閣：《利瑪竇中國札記》，何高濟、王遵仲、李申譯，北京：中華書局，1983年，第59頁。

〔註62〕利瑪竇：《利瑪竇書信集》，羅漁譯，臺北：光啓出版社，1986年，第53頁。

〔註63〕【法】貴永吉：《利瑪竇論中國》，謝和耐編：《明清間耶穌會士入華與中西匯通》，耿昇譯，北京：東方出版社，2011年，第315頁。

　　一方面，利瑪竇認為在中國施行的是君主政體，和西方相比，儘管中國缺乏一部永恆的法典，但是統治也是行之有效的。「每個朝代的第一位皇帝都訂立新的法律，以後的繼位者都改遵守，不能輕易加以更改。故此，當今在中國施行的法律和制度並不古老，全是洪武帝制定的，地古代的法律有取有捨；其主要目的，是求國泰民安，國運昌隆。」〔註64〕

　　但另一方面，利瑪竇也認為中國的制度類似共和政體，中國文官制度對皇權具有制衡作用。「官員要想做什麼，雖然都以公文呈請皇帝批准，但皇帝只是照准或不照准官員的建議；無論什麼事，都先由負責其事的官員建議，皇帝從來不自動決定什麼事情。所以，若沒有官員報請賜予某人什麼恩惠，皇帝對誰也不施恩。能送到皇帝手上的私人呈文極少，因為須經過專司其事的官員審閱；私人呈文雖然送到皇帝手上，若皇帝想按所請求或建議的採取什麼行動，也只在呈文上批示一句，『著某某大臣查覆』。我曾細心留意這方面的事情，確知若沒有什麼官員報請，皇帝不能隨便給某人一筆錢或別的東西，也不能派某人什麼職位，或提升他的官級；而官員若非有什麼慣例或法令可循，絕不向皇帝呈請，這並非說，皇帝不能給皇宮內的太監或親人任何禮物，但那等於是他私人的東西，而不是公家的財物。那些常進皇宮的大臣，皇帝也常賜給禮物，那是一個古老的慣例。」〔註65〕而這與西方新興民族國家的新君主國是絕然不同的。

　　由此可見，利瑪竇對中國政體的理解帶有對西方政治的批判和反思，並借助中國的國家制度，對本國政治體制有一定的期許。

　　利瑪竇對中國獨特的監察制度尤為感興趣。他描述道：「一個是科吏，一個是道吏。這兩個機關各有六十多位進士和品學兼優的人供職。他們業務頗雜，根據皇帝之命令，處理朝內外的事情；權力很大，故頗受敬重。除了其它事情外，他們的任務是監察一切弊端，並以公文呈報皇帝；不只大小官員受監察，連皇帝及皇室也受其監察；這有點像斯巴達的監督，只不過中國的監督官沒有實權，只能講話，或該說寫報告，除非皇帝臨時給他什麼權力。但他們盡職的精神使人敬佩，不斷地寫呈文揭發弊端。其實

〔註64〕利瑪竇：《利瑪竇中國傳教史》，劉俊餘、王玉川譯，臺北：光啟出版社，1986年，第34頁。

〔註65〕利瑪竇：《利瑪竇中國傳教史》，劉俊餘、王玉川譯，臺北：光啟出版社，1986年，第36頁。

有待改進的事情很多；他們連尙書及閣老，甚而皇帝本人，都不饒過，更不要說其它朝內朝外的大小官員；他們不留情面，只關心公共利益。他們多次觸怒皇帝，因爲事情牽涉到皇帝本人或大臣；這時被革職、或受貶、或受重刑；但只要他留在任上，若某弊端不改，他曾再三再四諫議。按國家法律的規定，所有官員，甚而沒有官職的；都能上表諫事。但上述之官員是專司其職的，比較受重視。」〔註66〕顯然，利瑪竇對檢察官員的職能是比較瞭解的，但也誇大了檢察權在整個皇權體制中的作用，忽視了對明神宗年間監察機構已經淪爲黨爭工具的體察，但這對西方制度的完善卻有著良好的借鑒價值。

對翰林院制度，利瑪竇也極爲重視：「在這裡供職的人，都是每三年之考試中成績最好的。他們一考取後，就不擔任行政工作，但比行政人員更高貴，所以是許多人羨慕的職位。他們的職務，是替皇帝寫文章，寫國家之歷史，法令規章。皇帝及其公子的老師就是從這些人中選的；他們不停的讀書研究，職位一直上升，直到該院之最高職位；交給他們的任務都是極高尙的，但他們不離開他們的辦公室。除了翰林院出身的外，誰也當不成閣老。大家請他們寫文章時，要付許多錢，因爲只要是翰林院出來的文章，大家都認爲是上品。進士和舉人之考試，都是由他們擔任考官，或由其中一人爲主持人。按國家的習慣，凡是考中學位的，都把考官看爲老師，終身當他的學生，對他常畢恭畢敬；因此韓林院的人都有許多學生。」〔註67〕

此外，利瑪竇對中國的中央、地方官制和兩京制度也給予了不少筆墨。但利瑪竇最欣賞的還是中國的文官制度，而這也比較迎合西方人對「哲學王」國度的嚮往。利瑪竇將之介紹到西方公眾，會引起西方社會對中國高度文明的好感，從而激起西方民眾對耶穌會在華傳教事業的支持。利瑪竇認爲中國文官制度的特色是鮮明的，有別於西方的，諸如文官支配武官、權力等級、不得連任、迴避制度及嚴格的處罰措施等等。這一套文官體制在傳教士文本中經常出現，這對剛從中世紀走出的西方社會是陌生的，對參與現代性文官制度的構建提供了有益的借鑒。

〔註66〕利瑪竇：《利瑪竇中國傳教史》，劉俊餘、王玉川譯，臺北：光啓出版社，1986年，第40頁。

〔註67〕利瑪竇：《利瑪竇中國傳教史》，劉俊餘、王玉川譯，臺北：光啓出版社，1986年，第41頁。

（二）教育制度

在對中華大帝國形象的描述中，教育制度佔據重要位置。這不僅關係到中國文官體制的形成，還對整個帝國的文明形象起到塑造作用。門多薩對中國的教育制度充滿了讚美，而與之相比，利瑪竇的評價則客觀得多。

利瑪竇對「四書五經」在科舉考試中的重要性做了說明：「這九部書是中國最古的書，其餘的書都是這九部書之延伸，其中幾乎包括了中國所有的字。因爲這些書裏的言論頗爲高明，古代的君王便訂立了法律，學者都應以這九部書爲其學問之基礎；只能理解還不夠，因爲其實不多，合在一起也不如亞里斯多德的作品多；而須練習把其中的每一句話，發揮成各式各樣的文章。因了每人不可能把這九部書全部讀過，以致能以其中任何一句話爲題，立刻寫成典雅的文章，就像在考試時所要求的；故此每人都須精通四書，至於五經，每人可任選一部，以應考試。」〔註68〕此外，西方對中國學校沒有大學存有偏見，利瑪竇對此做了合理的回應：「在中國，每人自己請老師，並付其束脩。這樣的老師很多；一是因爲這些書難讀，一人無法同時教許多學生；一是因富裕人，習慣使子弟在自家讀書，縱然只有一兩個子弟，以免跟他人學壞。」〔註69〕

對中國科舉考試中的三級制度，無論在回憶錄中，還是在書信中都有詳細的介紹。除此之外，對於科舉中所形成的座師、同年關係，利瑪竇讚賞有加：「這些進士，以及舉人，凡同年及第的，彼此保持深厚的友誼，情同手足，彼此互助，並照顧對方的父母，至死不渝。與他們懂得主考官關係更爲緊密，像老師之間與學生，相愛如父子，對考官極盡尊敬之能事。」〔註70〕而這，也是基於利瑪竇在歐洲耶穌會學院形成的良好師生關係的經驗比較，說明中國儘管沒有大學，但同樣能夠培養出深厚的友誼，賦予了本來功利的科舉制度以溫情的一面，其中對理想科舉制度的想像成分十分明顯的。

由此，利瑪竇深刻認識到文士在中國的社會地位是極高的，「無論考文考試，考數學或醫術，試務人員，考官、裁判，都是由文官擔任，沒有數學家、

〔註68〕利瑪竇：《利瑪竇中國傳教史》，劉俊餘、王玉川譯，臺北：光啓出版社，1986年，第26頁。

〔註69〕利瑪竇：《利瑪竇中國傳教史》，劉俊餘、王玉川譯，臺北：光啓出版社，1986年，第26頁。

〔註70〕利瑪竇：《利瑪竇中國傳教史》，劉俊餘、王玉川譯，臺北：光啓出版社，1986年，第31頁。

醫生，和將領參與，對我們說都是新奇的。由此可見中國文人之權威。中國人認為文人能判斷一切事情，雖然是他們從來沒有學過的事情」〔註71〕。而這不僅樹立了中華帝國哲人管理的良好形象，更有利於向西方公眾展示耶穌會適應策略的合理性。

曾德昭對中國教育的介紹更為詳細，尤其在對中國初級教育的描述上，曾德昭認為中國初級教育更注重老師的言傳身教，「不僅教他們識字和知識，還教授有關政治、品行和道德方面的事，以及如何對待各種事件」，「無疑的，這種教法很有助於他們的榮譽，對他們的學習有益，使他們不沾上壞行為，不冶遊。這些危害他們思想的惡習，會破壞紳士的風度」〔註72〕。

在與歐洲教育的比較中，曾德昭認為中國教育在教師教育方式上優於歐洲：「他們只接受他們力所能教的學生，那些他們不能照看的，就不被接納。歐洲經常發生的情況卻是：每個教師都為自己的收入而極力收很多學生，而不是為了教育。確實，一個人能力再強，不過是一個人，因此曾出現這種事：有的學生認識學校，學校卻不認識他們。這種不合理的情況在中國則得到改善，每個人都按自己的能力去做，不超過負擔；每名教師只接受能力所能教的學生。」〔註73〕此外，過了啟蒙階段的學生並不在自己家中讀書，「學生儘量避免在自己家裏讀書，因為家裏人多，在家裏受嬌寵，這是學習的大敵。因此，在別的國家，大人物和貴人子弟，極受嬌寵，證明缺乏知識，這是貴族不具有高深學識的原因」。

正因為中國教育的優越性，耶穌會士對中國教育的人才培養效果給予高度讚揚：「有沒有這樣的國家，無論其國內有多少大學，能像中國那樣有一萬名碩士？其中六七千人每三年在北京會聚，經過幾場考試，三百六十五人獲得博士學位。我不相信任何其它國家有那麼多學者，例如中國的學士，據說人數超過九萬；也沒有任何其它國家像中國那樣，文學知識那麼普及。在所有省份，尤其是南方各省，無論窮人或富人、市民或農夫，都能讀寫。總之，我不相信除歐洲外，任何地區能像中國那樣出版那麼多書籍。」〔註74〕

〔註71〕利瑪竇：《利瑪竇中國傳教史》，劉俊餘、王玉川譯，臺北：光啟出版社，1986年，第32頁。
〔註72〕曾德昭：《大中國志》，何高濟譯，上海古籍出版社，1998年，第45頁。
〔註73〕曾德昭：《大中國志》，何高濟譯，上海古籍出版社，1998年，第45頁。
〔註74〕安文思：《中國新史》，何高濟譯，鄭州：大象出版社，2004年，第56頁。

可見，耶穌會士對中國教育體制充滿了理想化的描述，認爲這是塑造中國良好的道德和知識普及的基礎，而這也成爲耶穌會知識傳教的重要依據。同時，他們將擁有高度教育文明的國家介紹到西方，更能爲處於社會轉型期的西歐社會所吸引。

（三）軍事制度

利瑪竇有見於西方中世紀末期的戰亂局面，是非常渴望和平與對軍隊的統一管理的，因此來到中國後，對此問題也是備感興趣，對中國和平的統治秩序讚賞有加：「中國地大人多，有足夠的物質以製造戰船、槍炮，及其它戰爭工具，至少很容易征服鄰近的國家；但是朝野上下，沒有一個人有這種企圖，討論這類事情；對自己所有的，他們感到知足，不想要別人的。我們西方的國家就不同了，多次因了要征服別人，擴張國土，反而使自己國破家亡，沒有一個像中國一樣，能保持幾百年或幾千年的。甚而中國以外的國家如果想自動歸屬於中國，中國也不要；就是要的話，也不會有一個品學兼優的人願意去治理那個地盤。所以我認爲某些西方作家所寫的實在荒唐無稽；他們說中國人最初先開始征服鄰國，最遠的時候曾到印度。我曾細心查看他們四千年的歷史，沒有找到一點這類的影子。中國人也不以此爲榮；我曾問過一些學者，他們說那不合事實，也不可能是事實。」〔註75〕

此外，利瑪竇對中國嚴禁武器的政策有深刻印象：「在城裏誰也不帶武器，除非是值勤的軍人，或是保護大官的隨從。甚而家裏也不放武器，也許會有一把彎刀，是爲出遠門時自衛用的；有時打架時，中國人就用這種刀彼此廝殺。不只文官不帶武器，武官也不佩帶，除非是在戰爭期間。在我們西方，一人佩帶武器認爲是光彩的事情；中國則認爲不光彩，怕看到那不吉祥的東西。因此在中國，沒有像西方那種暴動，爲了報仇而用武器傷人和殺人；中國人認爲逃避，不讓人傷到自己，那才是可欽佩的事。」〔註76〕

而對於中國嚴格的軍事制度的有效性，利瑪竇將之歸因於中國特有的文官制度：「全中國都是由文人治理，眞正而神秘的權力是握在他們手裏，連軍隊和軍官也受到他們支配；故此，無論什麼將領，有多勇敢，手下有多少兵

〔註75〕利瑪竇：《利瑪竇中國傳教史》，劉俊餘、王玉川譯，臺北：光啓出版社，1986年，第44頁。

〔註76〕利瑪竇：《利瑪竇中國傳教史》，劉俊餘、王玉川譯，臺北：光啓出版社，1986年，第47頁。

力，在學者和文官面前，沒有不唯唯諾諾的，畢恭畢敬的。多次武官受文官打罵，就像我們學校的學童一樣。在戰爭時，常有文官同往；是守備、是進攻，無論做什麼，武官都是聽文官支配。士兵和軍官的薪俸，軍隊的給養，都是握在文官的手裏；皇帝聽信文官的主張，不重視武官的意見；在軍隊會議上，很少有武官發言的餘地。」〔註77〕不僅如此，在文官佔優勢的體制下，「武舉沒有說明前途；武進士若有人事關係，再花點錢，可以得個不錯的官職」〔註78〕。

而對中國愛好和平，與西方征服別國不同的傾向，利瑪竇也是訴諸於文官制度的優越性，以及由此帶給中國人的價值導向：「沒有一個有志氣的人願意從軍，寧願當個小小的文官；事實上，文官比武官受人尊重，收入也比較好。更值得奇怪的，文官比武官對國家忠誠，國家有難時，更容易為祖國和皇帝賣命。或是因為讀書提高人的情操素質，或者因為中國有史以來就重視文人，所以才不像西方人那樣，想征服別的國家。」〔註79〕

正因此，在利瑪竇眼中，由戰亂不穩定的歐洲來到中國，簡直像是進了桃花源般的和平之境，處處呈現出社會穩定，人民安居樂業的局面。利瑪竇對中國軍事形象的介紹，是有利於緩解西方殖民國家對中國的侵略擴張態勢，這讓西方人看到，中國有著強大的軍事實力，但是整體上是愛好和平，不輕易訴諸武力解決爭端的，更沒有擴張欲望，對西方國家不構成嚴重威脅。這就提醒西方殖民主義者，對中國是能夠通過和平手段進行貿易和文化交往的。而這也進一步加深西方公眾對中國桃花源般世界的嚮往和讚美，促成歐洲民眾對耶穌會在華傳教事業的支持。但正如孫尚揚先生所言，利瑪竇的文本是有公私之別的。在公開出版的專門為歐洲公眾寫的書中是充斥著對中國的讚美，而在私人書信中，對中國的武備鬆弛也是有所揭露。但在17世紀的歐洲並沒有引起公眾的興趣，直到18世紀末，隨著東西方實力對比發生明顯的變化，傳教士對中國軍備落後的描述才成為西方強國對中國武力要脅的依據。

〔註77〕利瑪竇：《利瑪竇中國傳教史》，劉俊餘、王玉川譯，臺北：光啓出版社，1986年，第44頁。

〔註78〕利瑪竇：《利瑪竇中國傳教史》，劉俊餘、王玉川譯，臺北：光啓出版社，1986年，第32頁。

〔註79〕利瑪竇：《利瑪竇中國傳教史》，劉俊餘、王玉川譯，臺北：光啓出版社，1986年，第45頁。

　　與利瑪竇的籠統介紹相比，曾德昭對中國軍事狀況描述的更加具體和眞實。曾德昭一反利瑪竇否認中國有過擴張的歷史，認爲：「根據他們的典籍和史書記載，中國人的戰爭藝術和軍事知識是很古老的，可以肯定的是，他們征服了許多著名國家。……不管怎麼說，他們曾有114個藩國，但在今天他們只剩下幾個不多的鄰國，即使這幾個，有的還拒絕向他們納貢，有的則是中國人自己放棄的，認爲最好平安地回歸本土，不要再爲征服或佔領其它國家而進行戰爭和自討麻煩。」〔註80〕對於明代中國爲什麼不再好戰，曾德昭進行了總結：「首先是，自從國家無有戰爭以來，他們已安逸舒適地生活了許多年。其次是，他們重文輕武，以致一個小文官也敢和一員武將抗爭，毫不看重他。第三是他們用考試選擇武官，如我們以上所述，他們都是生手，不懂戰事。第四是，因爲一切軍人，要麼天生勇氣，要麼以領導他們的貴人爲榜樣，激發鬥志，要麼受他們將官的教育，爲紀律所鼓舞，但中國的兵士缺乏所有這些條件。總的說他們沒有甚麼士氣，毫無英勇氣概，教育極差，因爲他們可以爲細故鞭撻一名士兵，好像他是上學的孩子。第五，因爲在他們軍中，在尉官和將軍之上，有一位一直身穿長袍的大元帥，這個人始終留在主軍內，常常離戰場有一天的旅程，在很遠處發號施令，在有危險情況時他已做好逃跑準備。第六是，兵部裏沒有一個軍人或將官，或者任何見過戰爭的人，而全國的軍事仍由他們，特別由北京的兵部指揮。」〔註81〕可見，曾德昭的批評是相當深刻的，其中很多問題導致明朝的覆滅。

　　與對中國軍事批評相比，曾德昭更多地關注中國特有的軍事制度，諸如軍屯制度、武舉制度和軍隊的組織等。但與對文官制度的介紹相比，曾德昭對中國的文官制度更爲傾心。曾德昭之後，傳教士出於維護自身在中國傳教的良好環境的目的，極少提及中國軍事，而將筆墨著力於思想文化和文官制度上面。

三、早期中國形象對歐洲社會的影響

　　利瑪竇通過著書和書信往來，將有關中國的大量信息傳遞到西方，對西方社會產生了重要影響。不僅如此，一些沒有到過中國的歐洲人，也根據耶穌會士已經出版或未出版的材料，撰寫有關中國的著作，進一步擴大了中國

〔註80〕曾德昭：《大中國志》，何高濟譯，上海古籍出版社，1998年，第116頁。
〔註81〕曾德昭：《大中國志》，何高濟譯，上海古籍出版社，1998年，第119頁。

形象在西歐社會的傳播。例如巴托利的《中國》一書，依據了大量利瑪竇和金尼閣的著作，並涉及羅明堅、衛匡國等耶穌會士的作品。「這使巴托利作品的重要性更體現在提供了關於中國的信息資源，而不僅是一部已出版作品的彙編。禮儀之爭對巴托利敘述的影響已比對金尼閣或曾德昭的影響更正式。他比較不剋制地表達對中國的崇敬，將儒學視爲可與基督教相比擬的倫理體系，而且他爲耶穌會士的文化適應和用中國傳統術語表示上帝提出明確辯解。」〔註82〕

　　而最受西歐歡迎的是關於中華大帝國和孔教理想國的描述，這對文藝復興時期的歐洲社會有著巨大的感召力，使得歐洲社會通過中國這樣一個異域形象，展現了西歐近代早期社會的文化焦慮與期待，進而實現社會的批判與轉型。16 世紀末，蒙田從門多薩的著作中瞭解到了中國，就謙遜地意識到：「在中國，在這個很少與我們交往，對我們並不瞭解的王國裏，它的政府體制和藝術在一些傑出的領域內超越了我們，它的歷史告訴我，世界之大、之豐富是我們的祖先和我們自己所無法瞭解的。」〔註83〕儘管蒙田對中國的印象是朦朧的，但卻通過讚美中國，抨擊了歐洲人的傲慢：「在中國，國王派遣到各省巡視的官員可以懲罰利用職權貪贓枉法的官吏，也可以極慷慨地獎勵忠於職守爲官清廉的官吏，而且獎懲都可以超越一般的方式及官員職責規定的範圍……我們法國的法律因自身的不規則和畸形，有時竟爲法律管理者和執行者的腐敗助一臂之力。既然首腦如此之糊塗和如此之不穩定，違抗法律的行爲以及解釋法律、管理法律和遵守法律方面的弊病就可能得到寬恕。無論我們從經驗中可能獲得什麼成果，只要我們不善於利用我們自己的經驗……，從外國典範中吸取的經驗很難對我們的制度有所補益。」〔註84〕17 世紀初，費內斯在其著作《巴黎至中國旅行記》中，對中國的哲人政治由衷感歎：「中國爲哲人政治，故學者得有行政權和官職。在授予官職的時候，常召集多數學者，在公堂上公開討論，而選拔其最賢明者委以要職。據記載中國事情的歷史家所說，中國人爲世界上最嚴守政治規則的國民。國王爲最有力的主腦，由此主腦使國家的手足活動。中國謂爲武斷政治，不如以文治主義的理想稱

<hr>

〔註82〕張國剛：《從中西初識到禮儀之爭》，北京：人民出版社，2003 年，第 281 頁。

〔註83〕蒙田：《蒙田隨筆全集》下卷，潘麗珍譯，南京：譯林出版社，1996 年，第 349 頁。

〔註84〕蒙田：《蒙田隨筆全集》下卷，潘麗珍譯，南京：譯林出版社，1996 年，第 357 頁。

它。青年進入大學餓從事探討他日出仕時所應熟悉的國法民情，所以中國大學乃有舉世無雙的榮譽。」〔註85〕此處雖在說中國的哲人政治，但表達的仍是對西方傳統中理想國的迷戀和嚮往，對歐洲現實政治提供了批判的尺度。

法國哲學家勒瓦耶，正是受了利瑪竇和金尼閣書籍的影響，將孔夫子的中國作為西歐基督徒自我批判的一面鏡子。在《論異教徒的德行》一文中，勒瓦耶將孔子和蘇格拉底做了比較，認為兩者在用良好的道德觀念創造理想國家方面做著類似的工作：「當然，使王權掌握在哲學的手中，使暴力乖乖地服從理性，這對孔子來說不是一種小小的榮譽。除了希望看到哲學王子或哲學家們進行統治之外，人們還能希求怎樣的更大的幸運呢？這種非同凡響的思想使這兩種值得慶幸的事業在中國結合起來；孔子的崇高美德甚至使君王絕不發出與他的戒律不符的命令；皇帝的文武百官都勢必是孔子的信徒，因此可以說，只是哲學家們在統治這樣一個大帝國。」〔註86〕不僅如此，勒瓦耶對孔夫子的讚美甚至比耶穌會士走得更遠，將之視為天主所給予中國的特殊恩惠：「如果我們不對他的思想給予與我們曾給以那些偉大哲人的同樣的榮譽，如果我們只對蘇格拉底、畢達哥拉斯表示敬意，而對同樣美德的孔子不敬，那我們大家將是極不公道的、極端冒昧的。因為孔子對事物起因的統一性的認識並不亞於他們，他也認為那是萬能的、完美的，並同樣為之付出了自己所有的愛。至於倫理的第二條，以善待人，我們從利瑪竇神甫的《回憶錄》中得知，『己所不欲勿施於人』這一出自孔子的戒條，始終貫穿在中國的倫理思想中。」〔註87〕可見，在西歐思想家眼中，在中國，柏拉圖的理想國已經從理念中被運用到了現實中，西方在中國發現了這種改造現實的巨大力量，不斷將孔教理想國宣傳至歐洲民眾。

與歐洲大陸相比，處於社會急劇變革的英國更喜歡借助中國形象抨擊本國政治。1621年，伯頓出版《憂鬱症的解剖》，書中依據利瑪竇的《基督教遠征中國史》對中國做了介紹，並諷刺了英國的不良習慣和政治制度。如通過中國人的科舉制度選賢與能，影射英國人的不務正業：「他們從哲學家和博士中挑選官員，他們政治上的顯貴是從德行上的顯貴中提拔上來的；顯貴來自

〔註85〕朱謙之：《中國哲學對歐洲的影響》，上海人民出版社，2006年，第61頁。

〔註86〕艾田蒲：《中國之歐洲》，許鈞譯，桂林：廣西師範大學出版社，2008年，第192頁。

〔註87〕艾田蒲：《中國之歐洲》，許鈞譯，桂林：廣西師範大學出版社，2008年，第193頁。

事業上的成就，而不由於出身的高尚，古代的以色列就是這樣。至於他們官吏的職務，不論在戰時或平時，就是保衛和治理他們的國家，而不像許多人那樣，光是放鷹打獵，吃喝玩耍。他們的老爺，高官、學生、碩士以及由於自己的德才而升上來的人——只有這些人才是顯貴，也就是被認爲可以治理國家的人。」〔註88〕1665 年，曾德昭所著《大中國志》譯成英文在倫敦出版，其中三章內容涉及中國的科舉制度，在英國產生了廣泛的影響。之後，英國對中國政治制度的關注一直十分熱烈，「據不完全統計，自 1570～1870 年的 300 年間，英國出版介紹中國科舉制的書籍已達到 70 多種了」〔註89〕。而英國也多次派使臣訪問中國，並對中國的文官制度進行考察，到 19 世紀末，英國成爲歐洲率先實行文官體制的國家，其中是吸收了中國科舉制的有益成分的。

第三節　利瑪竇與晚明西方形象

隨著中西文化交流的加深，晚明中國的西方形象發生了一定的變化，但是由於對自身形象的自傲，並沒有從總體上改變偏狹的西方形象，反而強化了西方的番鬼形象，對中國處理與西方的關係和政策並沒有產生積極影響。但仍有一些開明的士人，通過與西方傳教士接觸，改變傳統的狹隘的華夏中心觀，試圖改變中國人固有的西方不良形象，對當時中西關係的和平交往做出了積極努力。

一、明人對西方的妖魔化

早在漢代，中國與歐洲就已經開始交通，一直延續到明初，中國的西方形象是獵奇的，相繼出現了大秦、拂菻形象。但對西方的想像，基本是在華夷秩序之外的，將之視爲與中華文明地位相當的文化形象。正是在這段時間，中華文明憑藉自身的文化優勢，從容大度地與西方間接或直接發展文化、經濟關係，並以中國文化爲本位處理西方形象，將之塑造成爲一個奇異的西方形象，以確立中國在世界秩序中的位置，藉此不斷擴展華夷秩序及實現自身

〔註88〕范存忠：《中國文化在啓蒙時期的英國》，南京：譯林出版社，2010 年，第 8 頁。

〔註89〕黃啓臣：《中國科舉制對西方國家文官制的影響》，《黃啓臣文集》，香港：天馬圖書有限公司，2003 年，第 598 頁。

的文化超越。但隨著明代海禁政策的實施，中西交通一度中斷，中國對西方印象更為模糊，中國也逐漸沉浸在文化優越的自大中，不再關注域外具有超越性的奇異形象。16 世紀，地理大發現再次打破這種隔絕的局面，中西方真正實現了面對面的交往，中國也開始正式形成對西方的印象，對後世產生重要影響。此時，中國開始沿用西夷看待西方人，試圖將之納入傳統的朝貢關係中，並將西方人鄙視為「佛郎機」、「紅毛番」等「番鬼」形象，開啓了妖魔化西方的時代。周寧先生如此評價：「從漢唐到明清，中國的西方形象中，除了知識的退化之外，另一點最值得注意的特徵就是，漢唐文化中的西方形象，強調的是其共同人性的一面，大秦有類中國；而明清文化中的西方形象，強調的是其不同於人性的一面，番夷甚至鬼魔。在中華帝國晚期的文化心態中，西方形象是一個被壓抑置換表現的他者，有關西方的表述，都是一種意識形態，它在不同文本中構築同一種西方形象，他們的價值不是認識或再現西方的現實，而是構築一種天朝文化的世界觀念秩序中必要的關於『外番』的意義，使得國朝文化能從中既可以把握西方，又可以認同自我。」〔註90〕

　　1517 年，當葡萄牙艦長皮雷斯率領的使團抵達廣州，在地方官員的眼中，他們只是前來朝貢的番使，但從未聽說過這一番邦，故在朝覲之前首先讓他們學習天朝禮儀。顧應祥詳細描述了當時情況：「正德丁丑（十二年）予任廣東金事，署海道事，驀有大海船二隻，直至廣城懷遠騷，稱係佛郎機國進貢。其船主名加必丹。其人皆深目高鼻，以白布纏頭，如回回打扮，即報總督陳西軒公臨廣城。以其人不知禮，令於光孝寺習儀三日，而後引見。查《大明會典》並無此國人貢，具本參奏，朝廷許之，起送赴部。時武宗南巡，留會同館者將一年。今上登極，以其不恭，將通事明正典刑，其人押回廣東，驅之出境，去訖。其人在廣東久，好讀佛書。」〔註 91〕可見，當時官方對佛郎機並不知情。這在葡萄牙吞併麻六甲事件中表現尤為明顯。「佛郎機人兇險，武器也最精良，海外諸番無敢與之對抗。他們強佔滿刺加地，並偽稱滿刺加人來國朝上貢，後來據說又改稱『蒲麗都家』，『乾希蠟』，到底是誰，來自何方何國，讓人困惑。來歷不明，就難免讓人心有疑慮。朝廷不准其朝貢，但邊防又無法制止，於是坊間議論紛紛。不知不覺大明皇朝覆滅，佛郎機們倒

〔註90〕周寧：《海客談瀛洲：帝制時代中國的西方形象》，《書屋》2004 年第 4 期，第23 頁。
〔註91〕顧應祥：《敬虛齋惜陰錄》，續四庫全書本。

也沒有釀成大害。」〔註92〕可見，當時官方日漸感覺到，神秘的葡萄牙人並非傳統意義上的朝貢國家可比，且實力強大，在傳統的華夷秩序下似乎難以羈縻，不免感到擔憂，甚至普遍感到面臨兩難抉擇。時任提督侍郎兼右僉都御使吳桂芳認爲：「今蒲麗都家，恐即佛郎機自隱之國名，而本夷求貢之情，恐即先年貿易之故智。卻其貢，則彼必肆爲不道，或恣倡狂，然其發速而禍尙小；許其貢，則彼呼朋引伴，日增月益，番船抽分之法，必至盡格而不行，沿海侵凌之患，將逐潰決而莫制，其禍雖遲而實大，大難圖。」〔註93〕

不僅如此，明人刻畫了佛郎機狡詐的印象：「有佛郎機者，自稱干係臘國，從大西來，亦與呂宋互市。奋私相語曰：『彼可取而代也。』因上黃金爲呂宋王壽，乞地如牛皮大，蓋屋，王信而許之。佛郎機乃取牛皮剪而相續之，以爲四圍，乞地稱是。王難之，然重失信遠夷，月徵稅如所部法。」〔註94〕

尤爲重要的是，當時西方殖民者出於對東方其它民族的強硬態度，也應用到中國身上，加之當時海禁政策仍然阻礙著雙方的貿易活動，西方人多以海盜行爲與沿海貿易或掠奪，對當地人產生了負面影響。中國人將之視若「番鬼」，多次記錄了佛郎機「吃人」的惡劣形象。嚴從簡在《殊域周諮錄》中描述道：「番國佛郎機者，前代不通中國。……其人好食小兒……法以巨鑊煎水成沸湯，以鐵籠盛小兒置之鑊上，蒸之出汗。汗盡，乃取出，用鐵刷刷去苦皮。其兒猶活。乃殺而剖其腹，去腸胃，蒸食之。」〔註95〕該敘述成爲左右明末的西方形象。嘉靖九年（1530）王希文說道：「正德間，佛郎機帆匿名混進，突至省城，擅違則例，不服抽分，烹食嬰兒，擄掠男婦，設柵自固，火銃橫行。」〔註96〕明末清初顧炎武在《天下郡國利病書》再次提及：「正德十二年，西海夷人佛郎機亦稱朝貢，突入東莞縣，大銃迅烈，震駭遠近，殘掠甚至炙食小兒。」〔註97〕而這在清代官修《明史》中也仍然沿用這個流行套話：「佛郎機，近滿剌加。正德中，據滿剌加地，逐其王。十三年遣使臣加必丹末等貢方物，請封，始知其名。詔給方物之値，遣還。其人久留不去，剽

〔註92〕周寧：《海客談瀛洲：帝制時代中國的西方形象》，《書屋》2004年第4期。
〔註93〕吳桂芳：《吳司馬奏議》，載陳子龍輯：《明經世文編》卷三四二，北京：中華書局，1962年，第3669頁。
〔註94〕張燮：《東西洋考》呂宋篇，北京：中華書局，2000年，第89頁。
〔註95〕嚴從簡：《殊域周諮錄》卷九佛郎機，北京：中華書局，1993年，第320頁。
〔註96〕王希文：《重邊防以甦民命疏》，印光任：《澳門紀略》上卷，清乾隆刻本。
〔註97〕顧炎武：《天下郡國利病書》卷119，續四庫全書本。

劫行旅，至掠小兒爲食。」〔註 98〕而這種妖魔化西方的言說在《廣東通志》中也更爲明顯：「佛郎機夷人……謀據東莞南頭甚至掠買小兒炙食之，其淫毒古所未有也。」〔註 99〕而這對利瑪竇傳教帶來了諸多困擾。

可見，在西方傳教士尙未正式進入中國之前，中國人對西方的形象存在較多的臆測，加上海禁政策以及傳統的文化優越觀念，對西方的妖魔化，塑造了番鬼形象，這在一定程度上，反映了明代中國人自我認知的狹隘尺度，並成爲之後中國對西方的主流認知。利瑪竇對中國人的偏狹心態這樣描述：「他們的國家版圖很大，邊界遼遠，而且他們對海外世界的全無瞭解卻如此徹底，以致中國人認爲整個世界都包括在他們的國家之內。即使現在，他們也和遠古時代一樣，稱他們的皇帝爲天子，即上天的兒子，因爲他們奉天爲至高無上者，所以天子和神子是一個意思。」〔註 100〕周寧先生認爲：「這不是簡單的知識問題，而是社會文化問題。塑造一個荒遠、模糊、怪誕、詭異、危險、低劣、野蠻的西方形象，可以維護國朝人士的世界觀念，更重要的是維持這種世界觀念秩序中的自我身份認同，尤其是在這種認同出現危機的時刻。」〔註 101〕

二、利瑪竇與晚明西方形象

中國人妖魔化西方的民族積習對利瑪竇等傳教工作帶來諸多不便。起初，儘管扮作僧人模樣進入中國，但仍然難掩西人的怪誕形象：「利瑪竇初至廣，下舶，髡首袒肩，人以爲西僧，引至佛寺。」〔註 102〕傳教士在中國所招收的教徒帶往澳門時，仍被當地人誤認爲是佛郎機的吃人活動。之後，關於傳教士「吃人」的謠言不斷，一直持續到近代。隨著利瑪竇等傳教士進入中國內地傳教，爲了擺脫西方殖民者所造成的惡劣形象，開始向中國介紹西方的文物制度，試圖改善中國人對西方的妖魔化形象。這主要體現在：

第一，介紹西方的政治狀況，化解蠻夷印象。

〔註 98〕張廷玉：《明史》卷 325，北京：中華書局，1974 年，第 8430 頁。

〔註 99〕郭棐：《廣東通志》卷七事紀五，萬曆三十年（1602）刻本。

〔註 100〕利瑪竇、金尼閣：《利瑪竇中國札記》，何高濟、王遵仲、李申譯，北京：中華書局，1983 年，第 46 頁。

〔註 101〕周寧：《海客談瀛洲：帝制時代中國的西方形象》，載《書屋》2004 年第 4 期，第 22 頁。

〔註 102〕張爾岐：《蒿庵閒話》，濟南：齊魯書社，1991 年，第 299 頁。

　　利瑪竇通過訪談、書籍等方式向中國人傳達了西方政治文明的部份信息，其中最爲完整的是刻印在地圖上的簡短介紹：「此歐羅巴州，有三十餘國，皆用前王政法，一切異端不從，而獨崇奉天主上帝聖教。凡官有三品，其上主興教化，其次判理俗事，其下專治兵戎。土產五穀、五金、百粟，酒以葡萄汁爲之。工皆精巧，天文性理無不通曉，俗敦實，重五倫，物類甚盛，君臣康富，四時與外國相通，客商遊遍天下。去中國八萬里，自古不通，今相通七十餘載云。」〔註103〕其中，對西方的政教分離以及教皇權威有著基本的描述。此外，在流傳甚廣的《天主實義》中，利瑪竇詳細介紹了歐洲的政教制度。〔註104〕只是，利瑪竇所介紹的仍然教皇權威至高無上的神聖藍圖，掩蓋了歐洲分裂及宗教改革運動背景下的天主教危機，塑造了一種美好的自我形象。這自然包含了利瑪竇明顯的傳教意圖，藉此向萬曆皇帝表達天主教對皇權的鞏固是有利的。在與利瑪竇交往密切的士人眼中，西方形象有所改觀，他們將歐洲視爲政治狀況良好的國家，教權高於皇權，整個歐洲被整合到天主教的精神旗幟之下。李日華認爲歐洲是三主共治，即「一理教化，一掌會計，一專聽斷」〔註105〕。支允堅對西方教權高於一切印象深刻：「自稱西洋無常主，惟生而好善，不茹葷、不近女色者，即名天主，舉國奉之爲王。」〔註106〕這就使得中國士人眼中的西方形象與當時歐洲的眞實情況嚴重錯位，導致明人對歐洲的認識偏差。儘管如此，也使得部份士人開始尊重西方文明，將西方視若「大西」，「大西洋國」等稱謂。在利瑪竇時期，由於士人對初來之西人仍抱有好奇心理，對西方言說尚需要一定的消化階段，故此時對西方的批判較少，但利瑪竇等以幾人之力，畢竟難以完全改變廣大中國民眾對西人的牴觸心理。

　　第二，介紹歐洲的地理方位。

　　晚明的中國士人不清楚西方人距離中國的遠近程度，多有臆測，認爲距離非常近，引發部份士人對社會安全的憂慮。隨著傳教士在全國的逐步推進，恐慌情緒時有發生，對利瑪竇等人的傳教工作是不利的。

　　爲了打消明人的不安心理，利瑪竇在不同場合表明歐洲距離中國有九萬

〔註103〕利瑪竇：《坤輿萬國全圖》，朱維錚主編《利瑪竇中文著譯集》，上海：復旦大學出版社，2007年，第214頁。

〔註104〕利瑪竇：《天主實義》，朱維錚主編《利瑪竇中文著譯集》，上海：復旦大學出版社，2007年，第86頁。

〔註105〕李日華：《紫桃軒雜綴》卷一，南京：鳳凰出版社，2010年，第266頁。

〔註106〕支允堅《異林》卷4時事漫記：利瑪竇，四庫全書本。

里，在給萬曆皇帝的奏疏中談到：「臣本國極遠，從來貢獻所不通，聞天朝聲教文物，竊語沾被其餘，終身爲氓，庶不虛生；用是辭離本國，航海而來，時歷三年，路經八萬餘里，始達廣東。」〔註107〕而這被之後的許多傳教士所強調，以解除士人的疑慮。尤爲重要的是，利瑪竇借助地圖將歐洲的方位形象地展示出來，並注明「去中國八萬里，自古不通，今相通近七十餘載」〔註108〕。「相通近七十載」是與史實不相符合的，這也是與利瑪竇試圖說明天主教早已傳入中國的傳教主旨相矛盾的，但是出於現實的考慮，利瑪竇也不得不暫時讓步。而且利瑪竇將歐洲音譯爲「歐邏巴」，之後隨著地圖的廣爲流傳，成爲明人樂於接受的並廣爲使用的歐洲稱謂，利瑪竇也多次稱自己爲「歐邏巴人」。不僅如此，入清之後也被廣爲接受，清四庫館對傳教士也多以「歐羅巴人」見稱。

　　經過利瑪竇的介紹，使得之前想像的歐洲變得更加眞實，部份士人也開始解除對歐洲的疑慮，以平和的心態接觸傳教士。陳民志讀圖之後，說道：「西泰子經行十萬里，越廿而屆吾土，入長安，李繕部旦暮而過之，遇亦奇矣哉！」〔註109〕徐光啓在爲南京教案傳教士辯護時，也強調「數萬里東來」之意，且「辛苦艱難，履危蹈險」，對明朝是沒有直接威脅的〔註110〕。這對改善歐洲在中國人心中的想像和恐慌心態大有裨益的。

　　第三，介紹歐洲的風俗習慣。

　　利瑪竇時代，明代人對歐洲的風俗出於好奇，在認識上比較容易接受，多認爲傳教士所描述的歐洲社會情境如同中國的三代，這也是中國士人「禮失求諸野」的體現。對於歐洲總體風俗，徐光啓認爲歐洲大小三十餘國，「千數百年來以至於今，大小相恤，上下相安，路不拾遺，夜不閉關，其久安長治如此」〔註111〕。陳宏巳表示：「其國無鬥爭，其人少奸。仁義固本性，罔不同。」〔註112〕

〔註107〕利瑪竇：《上大明皇帝貢獻土物奏》，朱維錚主編《利瑪竇中文著譯集》，上海：復旦大學出版社，2007年，第232頁。

〔註108〕利瑪竇：《坤輿萬國全圖》，朱維錚主編《利瑪竇中文著譯集》，上海：復旦大學出版社，2007年，第214頁。

〔註109〕利瑪竇：《坤輿萬國全圖》，朱維錚主編《利瑪竇中文著譯集》，上海：復旦大學出版社，2007年，第225頁。

〔註110〕徐光啓：《辨學章疏》，《徐光啓集》，上海古籍出版社，1984年，第436頁。

〔註111〕徐光啓：《辨學章疏》，《徐光啓集》，上海古籍出版社，1984年，第436頁。

〔註112〕艾儒略：《閩中諸公贈詩》，吳相湘主編《天主教東傳文獻續編》，臺北：學生書局，1966年，第660頁。

關於歐洲婚俗，開明士人基本接受「上下一夫一婦」，「不以無後爲大」的認識。艾儒略在《職方外紀》中更是多有宣傳：「凡歐羅巴州內大小諸國，自國王以及庶民皆奉天主耶穌正教，絲毫異學不容竄入。國主互爲婚姻，世相和好。財用百物有無互通，不私封殖。其婚娶，男子大約三十，女子至二十外，臨時議婚，不預聘通。國之中皆一夫一婦，無敢有二色者。」〔註113〕而對明人最有直接影響的是利瑪竇的《交友論》，詳細闡述了歐洲的交友之道，引起明代士人的共鳴。王肯堂說：「利君遺余《交友論》一編，有味哉！其言之也，病懷爲之爽然，勝枚生《七發》遠矣。」〔註114〕

可見，利瑪竇所介紹的西方形象基本上是理想色彩的，有利於其傳教活動的，一定程度上緩解了中國民眾對西方的恐懼和懷疑，促使了中國士人更好地瞭解西方。但利瑪竇的介紹顯然是不眞實的，掩蓋了當時西方的宗教改革以及社會動亂，仍然是處在中世紀教皇統治下較爲靜謐安和的世界圖像，而這對於晚明社會變亂下的中國人是極有吸引力的。

三、晚明西方形象多元化

利瑪竇之後，中西貿易、文化往來日益頻繁，對歐洲的認識逐漸加深，對歐洲的形象也呈現出多面孔，但在正統的華夷觀下，妖魔化西方日漸成爲主流。

（一）反教士人對西方的妖魔化

反教士人對西方的妖魔化，主要集中在對「大西」形象的不滿，認爲西方世界是不可以與處在中心地位的大明相提並論的。正如沈灌所言：「夫普天之下，薄海內外，惟皇上爲覆載照臨之王，是以國號曰『大明』，何彼夷亦曰『大西』？且既稱歸化，豈可爲兩大之辭以相抗乎？」顯然，稱呼西方爲大西，在傳統儒家外交觀念中，是有悖於朝貢關係中的「事大」政策的。李王庭在《誅邪顯據錄》中對此更加詳盡〔註115〕：

> 第異端竊我以實而不售，幸奸謀之自破；而竊我以名而可虞，
> 尤天朝之隱憂，余更不能不有後言矣。何也？我太祖高皇定鼎胡元，

〔註113〕艾儒略：《職方外紀》卷二，北京：中華書局，2000 年，第 67 頁。

〔註114〕王肯堂：《郁岡齋筆塵》卷三交友，續四庫全書本。

〔註115〕李王庭：《誅邪顯據錄》，徐昌治：《聖朝破邪集》，香港：宜道出版社，1996年，第 203 頁。

從古得天下之正，未有匹之者也，故建號大明，名稱實也。何物麼
麼，輒命名大西，抑思域中有兩大否？此以下犯上，罪坐不赦。旋
干大字下，以西字續之，隱寄西爲金方兵戈之象，則其思逞不軌潛
謀之素矣。抱忠君愛國之心者，可不寒心哉？項見中國名流羣出力
斥其妄，稍自知非易以泰西。

而許大受更是將之比作「五胡亂華」之言，「今彼夷因我大明，而僭號大西，
大西者獨非大殺乎！竊謂五胡殺亂主，而彼直殺聖師及古聖帝，五胡偶亂華，
而彼直舉從來之中華，以永遜於彼夷之下。其所殺有何窮已，而謗佛者乃偏
事夷，何悖甚也。」〔註116〕不僅如此，許大受仍根據傳統的地理觀念批駁「大
西」的存在合理性，一方面訴諸傳統地理書籍，如《山海經》、《搜神記》、《咸
賓錄》、《西域志》、《太平廣記》等，認爲書中無記載，故「彼詭言有大西洋
國，彼從彼來，涉九萬里而後達此。按漢張騫使西域，或傳窮河源抵月宮，
況是人間有不到者。」另一方面徵引於當世之記載，認爲：「萬萬無大西等說，
豈待智者而後知哉！吾鄉有餘生士恢，負四方之志，親履其地，歸而刻書，
名《藜藿蕌言》，云彼特廣東界外，香山□人，極陳其凶逆孔棘狀。」這裡不
僅說明萬曆無大西之名，而且當時遊歷者也沒有親見大西地界，更加通過狹
隘的地理考察論證強化了妖魔化西夷的刻板印象。

當利瑪竇去世後，隨著中西方認識的不斷加深，中國人士日漸發覺兩者
的差異，反教之聲不斷，在南京教案達到高潮，多以「夷人」、「利妖」、「妖
夷稱呼利瑪竇等，如黃貞所言：「利妖以道爲依賴，是利妖以道爲可離也，是
利妖實謂雖無其道，猶有其人也。此口一開，孔之門皆閉矣。《詩》曰：『人
而無禮，胡不遄死。』詩固謂人卑於禮矣，何妖夷之無道無理至此哉？！」〔註
117〕林啓陸將利瑪竇視爲變亂社會的狡夷：「乃利瑪竇何物？直外國之一狡夷
耳。詐稱大西洋航海而來，間關八萬里。自萬曆年間，因奸細引入我大明，
倡天主之教，欺誑君民，毀裂學術。」〔註118〕

除此之外，西儒身份也遭到中國保守士人的質疑。陳候光認爲西士假

〔註116〕許大受：《聖朝佐闢》，徐昌治：《聖朝破邪集》，香港：宜道出版社，1996年，
　　　　第220頁。

〔註117〕黃貞：《尊儒亟鏡》，徐昌治：《聖朝破邪集》，香港：宜道出版社，1996年，
　　　　第155頁。

〔註118〕林啓陸：《逐夷論略》，徐昌治：《聖朝破邪集》，香港：宜道出版社，1996年，
　　　　第282頁。

借儒士之名，實行不軌之謀，「大西借儒為援，而操戈入室，如螟特附苗，其傷必多。乃崇其學者，半為貴人、為慧人。愚賤如小子，設起而昌言排之，則唾而罵者眾矣。雖然，孔子之道，如日中天，大西何能為翳？惟夷教亂華，煽惑浸眾，恐開先聖者，必憤而不能默也」〔註119〕。陳候光的批評看似荒謬，實則由於當時傳教士與佛郎機之名混淆有關，尤其在南京教案之後，對於傳教士的資金管道的調查就與葡萄牙人有著牽連，明末邊防危機借兵和炮銃於葡萄牙，更強化了二者之間的關係。桐藤薰認為這對當時傳教事業造成了負面影響，「之後的反天主教論者，把佛郎機侵略呂宋事件等全都歸過於傳教士，明確宣稱傳教士就是侵略者。至此，傳教士是侵略者觀念正式形成了」〔註120〕。

　　面對「西夷」強大的科技威力，傳統的華夷觀念必須作出解釋，尤其是當時的西儒形象已經使得部份士人有著西方優越東方的看法，這也促使有著中華禮制秩序觀念的中國士人重新加以解釋。明末大儒馮從吾對此做出了很好的回應〔註121〕：

　　　　「中國與外國，天之所覆同也，地之所載同也。料天命之性，亦是同的，如何分中國外國？或曰：在富國強兵」。曰：「今外國，國不可謂不富，兵不可謂不強，如何還叫成外國。然則中國之所以異於外國者何在？請細思之。……中國、外國開闢以來都是一樣，只是中國有聖人，教他知道理便謂中國，外國無聖人，教他知道理，便謂之外國。

在馮從吾看來，中西國富兵強並不是中外的區別所在，其判斷依據而是程朱的「理」，顯示了儒家道統觀在中外華夷之別上的有效判斷力。正是在此基礎上，馮從吾認為「吾道自精，何事旁求」。這與張載所言「吾道自足，何事旁求」，儘管時代相隔，卻有著明顯的學理聯繫。

（二）開明士人的迎合

　　中國開明士人出於對傳教士所介紹的西方形象的嚮往，積極宣傳讚美「大西」、「泰西」形象，將之視為可以與中華文明相媲美的對象，與晚明的社會

〔註119〕陳候光：《辨學芻言》，徐昌治：《聖朝破邪集》，香港：宜道出版社，1996年，第245頁。

〔註120〕桐藤薰：《明末耶穌會傳教士與佛郎機》，載《史學集刊》2011年第3期。

〔註121〕馮從吾：《都門語錄》，《馮恭定公全書》續集卷一，清康熙刻本。

現實形成鮮明對比，也是中國革新人士通過大西形象進行社會批判，試圖改變現世、經世致用的一種努力。

明人對大西形象的塑造，來自於對明朝社會現狀的不滿，如楊廷筠所言：「即如彼國讀書次第，取士科條，種種實修實用，欲著一詞章功利，欺世盜名，如吾三代以下陋習而無所庸之，以作養成就，其人才自是不同，教化流行，風俗醇美，無可疑者。」借西方風俗批評明朝的世風，並表達了自己暢言西學的決心，「假我十年，集同志數十手眾共成之，昭聖天子同文盛化，良亦千載一時，而其俟河之清，人壽苦短何哉。雖然，吾終不謂如許奇秘，浮九萬里溟渤而來，無百靈爲之呵護，使終湮滅，獨竊悲諸誦法孔子而問禮，問官者之鮮，失其所自有之天學，而以爲利氏西來之學也」。〔註122〕閣臣葉向高與傳教士相友善，交接之餘也不免讚歎道：「泰西氏去中國已九萬里，自上古未嘗通。今艾君輩乃慕義遠來，獻其異書數千種於朝，其視越裳之重譯獻雉，不過之。夫安知此後如外紀所臚列，不有聞泰西之風接踵而至者乎！是愈可以昭聖治而暢聲教也。」〔註123〕而朱宗元在晚明反教的不利局勢下，則對大西形象不遺餘力地讚美，並認爲中土和大西相比較，有諸多弱點〔註124〕：

> 況大西諸國，原不同於諸蠻貊之固陋，而更有中邦亦不如者。
> 道不拾遺、夜不閉户、尊賢貴德、上下相安，我中土之風俗不如也。
> 大小七十餘邦，互相婚姻千六百年，不易一姓，我中土之治安不如
> 也。天載之義、格物之書、象數之用、律曆之解，莫不窮源探委，
> 與此方人士，徒殫心於文章詩賦者，相去不啻倍蓰，則我中土之學
> 問不如也。宮室皆美石所製，高者百丈，飾以金寶，緣以玻璃，衣
> 裳楚楚，飲食衎衎。我中土之繁華不如也。自鳴之鐘，照遠之鏡，
> 舉重之器，不鼓之樂，莫不精工絕倫，我中土之伎巧不如也。荷戈
> 之士皆萬人敵，臨陣勇敢，誓死不顧，巨炮所擊，能使堅城立碎、
> 固壘隨移，我中土之武備不如也。土地肥沃，百物繁衍，又遍賈萬

〔註122〕楊廷筠：《刻西學凡序》，徐宗澤：《明清間耶穌會士譯著提要》，上海書店，2006年，第228頁。

〔註123〕葉向高：《職方外紀序》，艾儒略：《職方外紀》，北京：中華書局，2000年，第14頁。

〔註124〕朱宗元：《答客問》，張西平主編：《梵蒂岡圖書館藏明清中西文化交流史文獻叢刊》（第1輯第25冊），鄭州：大象出版社，2014年，第666頁。

國，五金山積，我中土之富饒不如也。以如是之人心風俗，而鄙之
為夷，吾惟恐其不夷也已！

以上，朱宗元通過對比中西風俗、治安、學問、城市繁華、技巧、武備以及
國家富饒程度，認為大西形象是當之無愧的，中國士人不應將之視為夷人，
一定程度上反映並批判了晚明社會變亂下社會的紊亂現狀。

在對西方形象的塑造上，對西方傳教士的稱頌也是一大特點。利瑪竇，
作為晚明中西文化交流的核心人物，由於其學識人品超乎尋常，自然備受
士林推重，被尊稱為利子、利公、利先生等。之後的艾儒略更是被稱為「西
來孔子」。而對傳教士而言，最普遍的尊稱則是「西儒」，表達了對西方文
教的讚美，與中國儒士交相呼應，相資借鑒。如教外人士祁光宗將利瑪竇
視為「通儒」，認為：「昔人謂通天地人曰『儒』。夫『通』何容易！第令撥
拾舊吻，未能抉千古之秘，何必非管窺也，於天地奚裨焉？西泰子流覽諸
國，經歷數十年，據所聞見，參以獨解，往往言前人所未言。至以地度應
天躔，以讀天地之書為為己之學，幾於道矣。」〔註125〕對於西儒，理應不
分中外，相互參考，「學原不問精粗，總期有濟於世，人亦不問中西，總期
不違於天。……夫西儒在茲多年，士大夫與之遊者靡不醉心神怡，彼且不
驕不吝，奈何當吾世而覿面失之。古之好學者裏糧負笈，不遠數千里往訪，
今諸賢從絕數萬里外，此圖書以傳我輩，我輩反忍拒而不納歟？諸賢寥寥
數輩，胥皆有道之儒，來賓來王，視昔越裳，肅慎不遠矣，正可昭我明聖
德來遠，千古罕儷之盛」〔註126〕。正是在教內教外人士的推崇下，西儒形
象更加鮮明，營造了良好的中西交流氛圍，「近有大西國夷，航海而來，以
事天之學倡。其標號甚尊，其立言甚辨，其持躬甚潔。闢二氏而宗孔子，
世或喜而信之，且曰聖人生矣」〔註127〕。

開明士人對「大西」、「西儒」形象的塑造，有利於中國士人擺脫傳統華
夷觀念，將中西持平對待，而不是將西人視若野蠻、落後的夷狄等，晚明華
夷觀念悄然發生著變化。部份士人依照傳教士傳入的地理觀念，已經感受到
中國實際上只占世界的很小一部份，如孫毂所言，「西視神州，目為大明海，

〔註125〕祁光宗：《坤輿萬國全圖跋》，見朱維錚主編：《利瑪竇中文著譯集》，上海：
　　　　復旦大學出版社，2007 年，第 226 頁。
〔註126〕王徵：《遠西奇器圖說錄最》，叢書集成初編本，第 234 頁。
〔註127〕陳候光：《辨學芻言》，見徐昌治：《聖朝破邪集》，香港：宜道出版社，1996
　　　　年，第 244 頁。

居地才百之一，則瀛海之外，豈遂無方輿哉」〔註128〕。而地圓觀念的傳播更使部份士人意識到中國不是天下的中心，甚至世界本沒有中心。如熊明遇曾作《天中辨》，駁斥當時流行的以陽城爲天地之中的錯誤觀念，「夫指陽城爲天地之中，是眞井蛙夏蟲，不知井外更有世界，夏外更有春秋也」，「若將山、河、海、陸渾作一丸而看，隨人所載履，處處是高，四面處處是下，所謂天地無處非中也」〔註129〕。隨著新知識的流佈，傳統的華夷觀念也逐漸遭到質疑。朱宗元在其著作中專門談論中國華夷秩序是否具有合理性，認爲以地域劃定華夷只能說明距離的遠近，因此華夷之別是相對的，可以改變的，「孔子作《春秋》，夷狄而中國，則中國之，故楚子使椒來聘，進而書爵。中國而夷狄，則夷狄之。故鄭伯伐許，特以號舉」〔註130〕。若以文明程度而劃定華夷也是不具備合理性的，更何況按上文許大受比較中西風俗，西方風俗文物具有超越中國的地方，故「鄙之爲夷，吾惟恐其不夷」。在朱宗元看來，判定華夷的依據在「心」：「況所稱大西歐邏巴者，文章學問，規模製作，原不異吾土也。輦轂幾甸，地之華也；千萬里外，地之夷也。克認眞主，修身愼行，心之華也；迷失原本，恣行不義，心之夷也。不以心辨，而以地辨，恐所謂好辨者，不在是也」〔註131〕。這裡的「心」，指的即是「良知」，主體的道德判斷能力。依此判斷華夷之別，也就擺脫了聖王先哲話語的束縛，具有時代的先覺意味。

正是在大西形象的塑造下，中國士人紛紛轉向西學尋求救世良方，或「皆遠西爲鄰子」，或「法取和天，何分中外」，或發出「願生其地而不可得」的感念。尤爲矚目的是，少數士人已經關注西方政治制度，將傳教士宣傳的西方政治制度視作上古的禪讓，「王世禪，眾所推也，故無無道者。屬國有改行者，王即移文革之，不必征伐。如其言，則三五之世且不逮，未由稽之耳」〔註132〕。而葛寅亮更進一步借西方政制批評晚明政局的混亂：「予往日於都中見利瑪竇，述其國主皆繫傳賢，號爲教化王。其人必不

〔註128〕孫轂：《古微書》卷三二，四庫全書本。

〔註129〕熊明遇：《格致草》，清初刻本。

〔註130〕朱宗元：《答客問》，張西平主編：《梵蒂岡圖書館藏明清中西文化交流史文獻叢刊》（第1輯第25冊），鄭州：大象出版社，2014年，第666頁。

〔註131〕朱宗元：《拯世略説》，張西平主編：《梵蒂岡圖書館藏明清中西文化交流史文獻叢刊》（第1輯第14冊），鄭州：大象出版社，2014年，第323頁。

〔註132〕方弘靜：《千一錄》卷十八，明萬曆刻本。

娶，無子，而又不必居相位，但有德者授之，迄今不改，永永無爭。其教如不祀祖及殺食之說，雖大背謬，而國主相傳之法則甚善。蓋所傳之賢惟無子，則不萌啓釁之端，不居相位，則不成逼上之漸，法密防嚴，所以行之可久。若再用舜禘堯之法廟祀，傳若父子，則人心必愈相安矣。」〔註133〕這裡葛寅亮顯然針對萬曆朝的立儲問題和內閣政爭而發的，主張德法並舉，選賢與能。

由於時代的局限，先覺者畢竟是少數，無法改變長久積存於思想觀念中的華夷觀念，「但它帶來的思想史意義卻是不容忽視的。它從一個側面反映出晚明思想領域的鮮活與多彩，昭示著晚明社會的文化本質」〔註134〕。

四、中西異域形象的差異

由於中西方社會文化背景，以及所面對的社會問題的差異，各自對於他者的文化形象，有著不同的文化取向。主要表現在以下幾個方面：

其一，中國基於對社會秩序穩定和道德觀念的考慮，更多地採取了妖魔化西方文化的態度，而西方處於社會政治變革和新文化創立的轉折時期，更多地關注了中國文化對西方社會富有建設性的一面。

正如筆者在上文指出的，在西方殖民勢力抵達中國沿海時，中國對西方的妖魔化就已經開始，逐步漫延至文人、官員階層。而這種情緒的高潮時期，正是體現在「南京教案」上，面對日益增強的天主教勢力和部份中國高層士人的皈依，加之國內外增強的不穩定社會因素，使得傳統的士人階層對時局的判斷日益敏感，促使了教案的發生。儘管徐光啓等人借修曆和引進西方火炮技術的時機，重啓中西文化交流的新局面，但是傳教士已難以擺脫與西方殖民勢力的關係，反而陷入「侵略論」的被動局面〔註135〕。而不可否認的是，也有部份開明的士人，開始擺脫狹隘的華夷觀念，借助傳教士所引進的西方科技，力圖穩定中國內外的困局，加強對經世之學的研究和實踐，為中西文化交流的深入進行做出了獨特的貢獻。進入清代，隨著清廷對明末多元的社

〔註133〕葛寅亮：《四書湖南講》孟子湖南講卷二，明崇禎刻本。

〔註134〕龐乃明：《來華耶穌會士與晚明華夷觀的演變》，《貴州社會科學》，2009年第6期。

〔註135〕桐藤薰：《明末耶穌會傳教士與佛郎機——傳教士是侵略觀念的形成》，《史學集刊》2011年第3期。

會文化氛圍重新加以控制，傳統的華夷觀念得以強化，西學中源說流行，對西方的警惕和懷疑態度加深。在這種背景下，清廷只認可「利瑪竇規矩」，而這種論調則是建立在清廷對社會秩序穩定的基礎上的，一旦西方試圖衝破中國日益強化的道統和治統合一的政治文化政策，中西之間的對抗在所難免。這種對抗一直貫穿欲清初中西禮儀之爭的過程中，在雍正、乾隆年間的禁教時期發展到頂峰，自然也使中西文化交流遭到重創，中國民眾對西方的形象，也在妖魔化西方的道路上越陷越深。

而西方在十六、十七世紀，正值文藝復興的高漲時期，與之伴隨的是，社會經濟變革加快，資本主義生產方式開始在歐洲推廣，人口增加，社會階層分化加劇，同時，這一時期西方社會的宗教改革也在如火如荼中進行。面對社會大變革，尤其是將西方民眾從天主教的教權思想控制中解放出來，經過傳教士介紹的中國思想文化資源立時成爲西方社會自我批判的鏡子。如對中國高效的政治制度的推崇，對孔夫子影響下的中國自然倫理的欽羨，對中國穩定的農業生產和重農政策的肯定，都成爲西方社會極力提倡和傚仿的對象。這種局面到十八世紀達到高潮，形成了彌漫歐洲的「中國熱」，在一定程度上，推動了歐洲的啓蒙運動，高度文明的中國形象在西方現代價值觀和制度的奠定方面，做出了積極貢獻。

其二，雙方對他者形象的吸取，基本經歷了接觸、融合、批判的階段。但中國形象對西方持續時間更長，影響也更深遠，而西方形象對中國文化的影響則僅停留在表面，甚至當作反面，更加強化了華夷中心心態。

西方的「中國形象「經歷了大汗的帝國，中華帝國形象、孔夫子的中國等階段，持續六個多世紀之久，對中國的印象由模糊逐步變得清晰，由物質的中國逐步擴展到文化的中國，進而更清楚地理解中華文明的整體印象。但西方對中國文明的形象並不是一味的推崇，尤其到了十八世紀中葉，隨著西方勢力在全球的增強，西方人的文化自豪感和中心主義思潮更加明顯，對中國的批判和修改也隱含其中，以更符合歐洲社會的需要。正如克拉克所言：「歐洲對中國文化試圖達到『瞭解之同情』，這種誠摯的學習心態確實已經表現出來了。但是有一點也很明顯，這種瞭解被當時歐洲的關注與爭論所過濾和歪曲，因此在某種程度上它是一種『歐洲製造』，……就像耶穌會士以自身的心態來看儒家一樣，許多啓蒙思想家也用啓蒙觀念來詮釋儒家思想，從而表現出他們自己試圖改造歐洲成爲烏托邦的一種政治哲學觀念。無論歐洲對中國

的描述是否精確，它的確已深入到歐洲人啓蒙的自覺意識中，觸及了那個時代思想文化生活的各個方面。」〔註136〕

而中國的西方形象也經歷了「番鬼」、「大西」到「西洋」的一個轉化過程。但由於融合時間較短，表現出對西方文化的融攝是不足的缺憾，最終在清初官方和士人的共謀下將之納入「西學中源」的窠臼中，這不僅不利於對本國社會文化的批判與反思，也阻礙了中西文化的深入交流。直到 19 世紀，隨著西方殖民勢力逐步深入內陸，中國對西方「番夷」的形象也逐步改變，而將之視爲「洋人」，這時中國不得不改變天朝上國的威儀，承認西方的強大文明，開始逐步學習西方的科學、政治制度和思想文化，艱難地向現代化轉型。

其三，雙方對異域形象的關注面是錯位的，中國更加注重對西方技術層面的吸取，但也因此加強了對西方的排拒心理，西方更加關注對中國政治制度和倫理文化的關注，以此作爲標準，加速了自身社會文化轉型。

中國士人對西方倫理表現出的興趣是有限的，這部份是基於中國儒家倫理的自足性的迷戀，也是由於對西方倫理文化的隔膜，造成士人在心理上難以接受。而對西方科技革命所體現出的儀器技巧等實用文化，尤爲感興趣，從而迎合了當時士人對經世思潮的提倡和需要，但對西方科技文化背後深層的哲學倫理觀念的拒斥，則不能不說是明代人一大缺憾。延伸到清初，清廷正是看中了傳教士在天文曆法、算學、繪畫、醫學等方面的技藝，將之納入宮廷，爲皇室服務。而對在內陸傳教的人員則是禁止的，清初皇帝不止一次對傳教士講解中國儒家倫理，並充當中西禮儀之爭的仲裁者，對不認同中國儒家倫理規範的傳教士一律遣回。正如雍正皇帝對巴多明等人居高臨下所言，「大多數歐洲人大談什麼天主呀，大談天主無時不在、無所不在呀，大談什麼天堂、地獄呀等等，其實他們也不明白他們所講的究竟是什麼。有誰見過這些？又有誰看不出來這一套只不過是爲了欺騙小民？以後爾等可常來朕前，朕要開導開導爾等」，「朕豈能幫助爾等引入那種譴責中國教義之教義？豈能像他人一樣讓此種教義得以推廣？喇嘛教最接近爾等的教，而儒教則與爾等之教相距甚遠」〔註137〕。

〔註136〕【美】克拉克：《東方啓蒙：東西方思想的遭遇》，上海人民出版社，2011 年，第 62 頁。

〔註137〕【法】宋君榮：《有關雍正與天主教的幾封信》，載杜文凱《清代西人見聞錄》，北京：中國人民大學出版社，1985 年，第 145 頁。

　　而西方更加注重對中國政治制度和倫理的吸收，將中國形象視爲反思本國社會和政治狀況及社會改革方向的參照系。正如張國剛先生所言：「如果所18 世紀以前人們都關心神與人的關係，此時他們主要關注兩個領域，一個是關於人本身，另一個是關於社會發展的實務。而從耶穌會士的作品中，他們發現中國人在這方面的視野是領先的，中國人一直就不要神權的束縛，也沒有因爲神學和宗派辯論而浪費大量知識財富，所以他們樂於把中國人數爲一個榜樣以或明或暗地抨擊歐洲的知識現狀，並表達自己的新觀點。」〔註 138〕正是在這種借鑒與反思的過程中，西方現代的知識文化系統得以創立，開啓了影響歐洲乃至世界的文化體系。

〔註 138〕張國剛、吳莉葦：《啓蒙時代歐洲的中國觀》，上海古籍出版社 2006 年，第211 頁。

結　語

　　本文著重從「碰撞」與「融合」入手，深入研究晚明中西文化相互衝突和矛盾的化解。因該文涉及的論題比較大，所以就以利瑪竇在華活動為切入點，對此做深入的探討。

　　（一）本文對一些重要史實做了考辯。其一，認為僅僅根據新出資料《利瑪竇傳》，把軍事因素作為利瑪竇被驅逐肇慶的原因，並不足以推翻傳統的「生祠說」，姑且兩存。其二，《畸人十篇》各版本的序言有一定差異，新出「點校本」未參照「土山灣」本，也自然遺漏了劉胤昌的序言，並且，對虞德園的序言也有疏漏，且關注不夠。

　　（二）本文對學界關注較多的儒耶對話，進一步做了分析。利瑪竇力求援儒入耶，淡化由於中西文化的異質性所帶給士人的隔膜心理，藉此將天主教義深深紮根於中國文化土壤中。儘管雙方在仁愛、孝嗣以及生死觀念上存在深刻的差異，且遭到保守人士的強烈反彈，但利瑪竇通過對儒家思想選擇性汲取，積極吸收儒家思想中的倫理成分，將天主教教義成功嫁接在儒家話語上。但利瑪竇也向原始儒家文化靠攏，並對宋明新儒學有所取捨，在祭祖、祭孔、拜天等問題上做出讓步，承認這些儀式背後所包含的倫理意義，並對西方禮儀做因地制宜的調適，取得了積極成效。

　　（三）本文改變以往對耶釋關係較為薄弱的局面，對一些重點問題做了大量補充。儘管批判佛教的策略一直為人所詬病，甚至造成了部份士紳的排教反彈，但利瑪竇並不是一味地反佛教，總體上仍是持緩和的態度，並隨著社會文化形勢的變化和晚明政局的起伏而稍作改變。利瑪竇試圖將兩者相似的教義做出區分，防止民眾將天主教視作佛教支脈，但並不意味著必須消滅

佛教。隨著佛耶的相互認識不斷加深，天主教在中國站穩腳跟，兩者之間糾紛的解決也由起初的訴諸司法，轉向書面的相互辯難，有利於雙方深化理解，相互借鑒。

（四）中西科技的碰撞是晚明社會變遷的一個縮影，但中國士人並非完全被動地吸收西方文化，而是經過了會通以求超勝的過程，取得了積極成果。以天文、曆算為總綱的西方科技大量引進中國，促進了明後期社會的科技發展，同時也順應了經世思潮的文化環境。但經過中國士人選擇性吸收和會通的努力，促使了本國科學思維、儀器以及曆法發生根本性改觀。受西方科技和科學方法的影響，開明士人宣導格物窮理之學，深刻影響了當時乃至有清一代的學術面貌，萌發了近代科學主義的種子。此外，部份開明的中國士人漸漸改變了固有的「華夷之辨」立場，接受「大西」形象，試圖借西學改造社會頹勢。

（五）晚明中西文化關係，是雙向影響的過程。在文化接受程度上，西方對中國文化的吸收更加廣泛而深刻。中國文化被利瑪竇大量介紹到歐洲，促使中國熱在西方社會不斷升溫，歐洲的中國形象也由模糊認知，轉為稱頌「中華帝國」的制度文明。同時，孔夫子的美好形象也悄然興起，促進了西方文化界借中國形象批判社會，塑造近代價值觀念。

重溫晚明中西文化和平對話、相互汲取的精神，給我們當今處理中西文化關係具有深刻的啟發。中西文化之間，即要尊重彼此文化的個性，又要積極尋求文化的共性。文化間交往是伴隨著碰撞與融合的相互認知的過程，關鍵在於雙方交往的態度，是否能彼此理解，善於發現對方文化的優點，將雙方不協調之處，縮小到一定的範圍，在相互尊重、學習的融洽氛圍中，求同存異、合和共生。

參考文獻

一、古籍

1. 《明實錄》，臺北：中央研究院歷史語言研究所校勘本，1965 年。

2. 【清】張廷玉：《明史》，北京：中華書局，1974 年版。

3. 【清】谷應泰：《明史紀事本末》，北京：中華書局，1977 年版。

4. 【清】龍文彬：《明會要》，北京：中華書局，1956 年版。

5. 【明】申時行：《大明會典》，北京：中華書局，1989 年。

7. 【西漢】司馬遷：《史記》，北京：中華書局，1955 年。

8. 【東漢】班固：《漢書》，北京：中華書局，1962 年。

9. 【南朝宋】范曄：《後漢書》，北京：中華書局，1965 年。

10. 【北齊】魏收：《魏書》，北京：中華書局，1974 年。

11. 【北宋】歐陽修：《新唐書》，北京：中華書局，1975 年。

12. 【北宋】王溥：《唐會要》，北京：中華書局，1955 年。

13. 【北宋】司馬光：《資治通鑒》，北京：中華書局，1956 年。

14. 【明】沈德符：《萬曆野獲編》，北京：中華書局，1959 年。

15. 【明】顧起元：《客座贅語》，北京：中華書局，1987 年。

16. 【明】徐昌治：《聖朝破邪集》，香港：宜道出版社，1996 年。

17. 【明】李日華：《紫桃軒雜綴》，南京：鳳凰出版社，2010 年。

18. 【清】劉侗：《帝京景物略》，北京古籍出版社，1983 年。

19. 【清】于敏中：《欽定日下舊聞考》，北京古籍出版社，1988 年。

20. 【清】趙翼：《簷曝雜記》，北京：中華書局，1982 年。

21. 【清】趙翼：《廿二史劄記》，北京：中華書局，1982 年。

22. 【明】鄒元標：《願學集》，四庫全書本。

23. 【清】張爾岐：《蒿庵閒話》，濟南：齊魯書社，1991 年。

24. 【明】王肯堂：《郁岡齋筆塵》，續四庫全書本。

25. 【清】孫承澤：《春明夢餘錄》，北京古籍出版社，1992 年。

26. 【明】謝肇淛：《五雜俎》，北京：中華書局，1959 年。

27. 【明】祝世祿：《環碧齋詩》，濟南：齊魯書社，1997 年。

28. 【明】朱謀㙔：《異林》，明萬曆間刻本。

29. 【清】吳肅公：《明語林》，黃山書社，1999 年。

30. 【明】佚名：《雲間雜誌》，濟南：齊魯書社，1995 年。

31. 【明】姚旅：《露書》，濟南：齊魯書社，1995 年。

32. 【明】錢希言：《獪園》，濟南：齊魯書社，1995 年。

33. 【清】花村看行侍者：《談往錄》，上海古籍出版社，1996 年。

34. 【明】袁中道：《遊居柿錄》，青島出版社，2005 年。

35. 【明】汪啓淑：《水曹清暇錄》，上海古籍出版社，1996 年。

36. 【明】馮時可：《蓬窗續錄》，清順治間刻本。

37. 【明】鄭仲夔：《耳新》，濟南：齊魯書社，1995 年。

38. 【清】淩廷堪：《校禮堂文集》，北京：中華書局，1998 年。

39. 【明】方孔炤：《周易時論合編》，續四庫全書本。

40. 【明】熊明遇：《函宇通》，國家圖書館藏。

41. 【清】方以智：《物理小識》，四庫全書本。

42. 【清】方以智：《通雅》，四庫全書本。

43. 【明】張燮：《東西洋考》，北京：中華書局，2000 年。

44. 【明】嚴從簡：《殊域周諮錄》，北京：中華書局，1993 年。

45. 【清】顧炎武：《天下郡國利病書》，續四庫全書本。

46. 【明】郭子章：《蟫衣生黔草》，四庫全書存目叢書本。

47. 【明】湯顯祖：《牡丹亭》太原：山西古籍出版社，2005 年。

48. 【明】方弘靜：《千一錄》卷十八，明萬曆刻本。

49. 【明】葛寅亮：《四書湖南講》，明崇禎刻本。

50. 【明】孫瑴：《古微書》卷三二，見四庫全書本。

51. 【明】馮從吾：《都門語錄》。

52. 【明】顧應祥：《敬虛齋惜陰錄》，續四庫全書本。

53. 【明】黎靖德：《朱子語類》，北京：中華書局，1994 年。

54.【明】王廷相:《王廷相集》,北京:中華書局,1989 年。

55.【清】湯若望:《西洋新法曆書》,四庫全書本。

56.【清】程世綏:《重刻直指算法統宗序》,康熙刻本。

57.【清】《四庫全書總目提要》,北京:中華書局,1997 年

58.【明】傅凡際譯:《名理探》,北京:中華書局,1959 年。

59.【明】焦竑:《國朝獻徵錄》,上海:上海書店,1987 年。

60.【明】湯顯祖:《湯顯祖詩文集》,上海古籍出版社,1982 年。

61.【明】《洪武御製全書》,合肥:黃山書社,1995 年。

62.【明】焦竑:《澹園集》,北京:中華書局,1999 年。

63.【元】《至順鎮江府志》,南京:江蘇古籍出版社,1988 年。

64.【明】楊光榮修、陳澧纂:《香山縣志》。

65.【清】郭棐:《廣東通志》卷七事紀五,萬曆三十年〔1602〕刻本。

66.【明】章潢:《圖書編》,四庫全書本。

67.【明】李贄:《焚書、續焚書》,北京:中華書局,2009 年。

68.【明】陸容:《菽園雜記》卷九,北京:中華書局,1985 年。

69. 艾儒略:《職方外紀》,北京:中華書局,2000 年。

70.【明】王徵:《遠西奇器圖說錄最》,叢書集成初編本。

71.【明】王徵:《畏天愛人極論》,出自林樂昌編校:《王徵集》,西安:西北大學出版社,2015 年。

72.【明】朱宗元:《拯世略說》,張西平主編:《梵蒂岡圖書館藏明清中西文化交流史文獻叢刊》(第 1 輯第 14 冊),鄭州:大象出版社,2014 年。

73.【明】楊廷筠:《天釋明辨》,吳相湘主編:《天主教東傳文獻續編》臺北:學生書局,1966 年。

74.【明】朱宗元:《答客問》,張西平主編:《梵蒂岡圖書館藏明清中西文化交流史文獻叢刊》(第 1 輯第 25 冊),鄭州:大象出版社,2014 年。

75.【明】丁志麟:《楊淇園超性事蹟》,上海:土山灣印書館,1935 年。

76. 龐迪我:《具揭》,《徐家匯藏書樓明清天主教文獻》,臺北:輔仁大學神學院,1996 年。

77. 利瑪竇:《齋旨》,《徐家匯藏書樓明清天主教文獻》,臺北:輔仁大學神學院,1996 年。

78.【明】朱載堉:《聖壽萬年曆》,四庫全書本。

79.【明】顧憲成:《顧端文公遺書》,清康熙刻本。

80.《論語注疏》卷一二顏淵,何晏注,邢昺疏,《十三經注疏》,北京大學出版社,2000 年。

81. 【清】王先謙：《荀子集解》卷一九：大略，《諸子集成》，北京：中華書局，1954 年。

82. 《禮記正義》卷五二：中庸，鄭玄注，孔穎達疏，《十三經注疏》，北京大學出版社，2000 年。

83. 《孟子注疏》卷七：離婁上，趙岐注，孫奭疏，《十三經注疏》，北京大學出版社，2000 年。

84. 【宋】黎靖德：《朱子語類》卷八十七，北京：中華書局，1994 年。

85. 張德信、毛佩琦主編：《洪武御製全書》，合肥：黃山書社，1995 年。

86. 朱維錚主編：《利瑪竇中文著譯集》，上海：復旦大學出版社，2005 年。

87. 朱維錚主編：《徐光啓全集》，上海古籍出版社，2010 年。

二、近人中文論著

1. 陳垣：《陳垣學術論文集》（上下集），中華書局，1982 年。

2. 方豪：《中國天主教史人物傳》，中華書局，1988 年。

3. 方豪：《中西交通史》，上海人民出版社，2008 年。

4. 方豪：《中國天主教史論叢（甲集）》，上海：商務印書館，1947 年。

5. 方豪：《六十自定稿》，臺北：學生書局，1969 年。

6. 蕭若瑟：《天主教傳行中國考》，上海書店，1989 年。

7. 張星烺編注：《中西交通史料彙編》，北京：中華書局，2003 年。

8. 張維華：《〈明史〉歐洲四國傳注釋》，上海古籍出版社，1982 年。

9. 張維華：《明清之際中西關係簡史》，濟南：齊魯書社，1987 年。

10. 張維華：《晚學齋論文集》，濟南：齊魯書社，1986 年。

11. 洪業：《洪業論學集》，北京：中華書局，1981 年。

12. 朱謙之：《中國景教》，北京：人民出版社，1993 年。

13. 朱謙之：《中國哲學對歐洲的影響》，上海世紀出版集團，2006 年。

14. 戴裔煊：《〈明史·佛郎機傳〉箋正》，北京：中國社科出版社，1984 年。

15. 沈福偉：《中西文化交流史》，上海人民出版社，1985 年。

16. 侯外廬：《宋明理學史》，北京：人民出版社，1987 年。

17. 陳衛平：《第一頁與胚胎——明清之際的中西文化比較》，上海人民出版社，1992 年。

18. 李天綱：《中國禮儀之爭》，上海古籍出版社，1998 年。

19. 晁中辰：《明代海禁與海外貿易》，北京：人民出版社，2005 年。

20. 陳義海：《明清之際：異質文化交流的一種範式》，江蘇教育出版社，2007年。

21. 李天綱：《跨文化的詮釋——經學與神學的相遇》，新星出版社，2007年。

22. 沈定平：《明清之際中西文化交流史——明代：調適與會通》，北京：商務印書館，2007年。

23. 張國剛：《從中西初識到禮儀之爭——明清傳教士與中西文化交流》，北京：人民出版社，2003年。

24. 黃一農：《兩頭蛇——明末清初的第一代天主教徒》，上海古籍出版社，2006年。

25. 張天澤：《中葡早期通商史》，香港：中華書局，1988年。

26. 黃啓臣：《澳門通史》，廣東教育出版社，1999年。

27. 黃啓臣：《黃啓臣文集：明清經濟及中外關係》，香港天馬圖書有限公司2003年。

28. 費成康：《澳門：葡萄牙逐步佔領的歷史回顧》，上海社會科學院出版社，2004年。

29. 陳臺民：《中菲關係與菲律賓華僑》，香港：朝陽出版社，1985年。

30. 馮作民：《西洋全史》，臺北：燕京文化事業股份有限公司，1975年。

31. 全漢昇：《明清經濟史研究》，臺北：聯經出版事業公司，1987年。

32. 陳炎：《海上絲綢之路與中外文化交流》，北京：北京大學出版社，1996年。

33. 朱孝遠：《近代歐洲的興起》，上海：學林出版社，1997年。

34. 任繼愈主編：《國際漢學》（2），鄭州：大象出版社，1998年。

35. 金國平、吳志良：《東西望洋》，澳門：澳門成人教育學會，2002年。

36. 金國平、吳志良：《過十字門》，澳門：澳門成人教育學會，2004年。

37. 李向玉：《漢學家的搖籃——澳門聖保祿學院研究》，北京：中華書局，2006年。

38. 陳輝：《論早期東亞與歐洲的語言接觸》，北京：中國社會科學出版社，2007年。

39. 黃雨等編著：《肇慶曆代詩選》，廣州：廣東人民出版社，1986年。

40. 羅光主編：《天主教在華傳教史集》，臺北：光啓出版社，1966年。

41. 侯景文譯：《耶穌會會憲》，臺北：光啓出版社，1976年。

42. 翁紹軍校勘：《漢語景教文典詮釋》，北京：三聯書店，1996年。

43. 卓新平主編：《中華文化通誌：基督教猶太教誌》，上海人民出版社，1998年。

44. 徐宗澤：《明清間耶穌會士譯著提要》，上海書店，2006 年。

45. 江文漢：《明清間在華天主教耶穌會士》，上海知識出版社，1987 年。

46. 戚印平：《日本早期耶穌會史研究》，北京：商務印書館，2002 年。

47. 戚印平：《遠東耶穌會史研究》，北京：中華書局，2007 年。

48. 張西平：《中國與歐洲早期宗教和哲學交流史》，東方出版社，2001 年。

49. 顧衛民：《中國天主教編年史》，上海：上海書店出版社，2003 年。

50. 黃正謙：《西學東漸之序章：明末清初耶穌會史新論》，香港：中華書局，2009 年。

51. 李奭學：《中國晚明與歐洲文學——明末耶穌會古典型證道故事考詮》，三聯書店，2010 年。

52. 林金水：《利瑪竇與中國》，北京：中國社會科學出版社，1996 年。

53. 林華等編：《歷史遺痕——利瑪竇及明清西方傳教士墓地》，北京：人民大學出版社，1994 年。

54. 孫尚揚：《基督教與明末儒學》，北京：東方出版社，1994 年。

55. 孫尚揚：《聖俗之間》，北京：中國廣播公司出版社，1999 年。

56. 孫尚揚、鐘鳴旦：《1840 年之前的中國基督教》，北京：學苑出版社，2005 年。

57. 何俊：《西學與晚明思想的裂變》，上海人民出版社，1998 年。

58. 張錯：《利瑪竇入華及其它》，香港城市大學出版社，2002 年。

59. 黃保羅：《儒家、基督宗教與救贖》，北京：宗教文化出版社，2009 年。

60. 林中澤：《晚明中西性倫理的相遇——以利瑪竇《天實主義》和龐迪我《七克》爲中心》，廣東教育出版社，2003 年。

61. 劉耕華：《詮釋的圓環——明末清初傳教士對儒家經典的解釋及其本土回應》，北京大學出版社，2005 年。

62. 張曉林：《天實主義與中國學統——文化互動與詮釋》，學林出版社，2005 年。

63. 張鎧：《龐迪我與中國》，鄭州：大象出版社，2009 年。

64. 上海博物館編：《利瑪竇行旅中國記》，北京大學出版社，2010 年。

65. 宋黎明：《神父的新裝——利瑪竇在中國》，南京大學出版社，2011 年。

66. 鄒振環：《晚明漢文西學經典：編譯、詮釋、流傳與影響》，復旦大學出版社，2011 年。

67. 郭明：《明清佛教》，福州：福建人民出版社，1982 年。

68. 姚衛群：《佛教般若思想發展源流》，北京大學出版社，1996 年。

69. 方立天：《佛教哲學》，北京：中國人民大學出版社，2006 年。

70. 方立天：《中國佛教哲學教義》，北京：中國人民大學出版社，2005 年。

71. 賴永海主編：《中國佛教通史》，南京：江蘇人民出版社，2010 年。

72. 賴永海：《中國佛性論》，上海：上海人民出版社，1988 年。

73. 李亞寧：《明清之際的科學、文化與社會——十七、十八世紀中西文化關係引論》，四川大學出版社，1992 年。

74. 《中國科學技術典籍通匯》數學卷，鄭州：河南教育出版社，1993 年。

75. 《中國科學技術典籍通匯》技術卷，鄭州：河南教育出版社，1994 年。

76. 李子金：《曆範》，吳文俊：《中國數學史大系》第七卷，北京師範大學出版社，1998 年。

77. 韓琦：《中國科學技術之西傳及其影響》，河北人民出版社，1999 年。

78. 江曉原、鈕衛星著：《中華文化通志·天學志》，上海人民出版社，1998。

79. 江曉原、鈕衛星：《天文西學東漸集》，上海書店，2001 年。

80. 黃時鑒、龔纓晏著：《利瑪竇世界地圖研究》，上海古籍出版社，2004 年。

81. 莫小也：《十七～十八世紀傳教士與西畫東漸》，北京：中國美術學院出版社，2002 年

82. 杜石然：《數學·社會·歷史》，瀋陽：遼寧教育出版社，2003 年。

83. 李約瑟：《中國科學技術史》，北京：科學出版社，2003 年。

84. 尚智叢：《明末清初的格物窮理之學》，成都：四川教育出版社，2003 年。

85. 李迪：《中國數學通史》，南京：江蘇教育出版社，2004 年。

86. 董少新：《形神之間——早期西洋醫學入華史稿》，上海古籍出版社，2008 年。

87. 王漪：《明清之際中學之西漸》，臺北：商務印書館，1979 年。

88. 許明龍：《孟德斯鳩與中國》，北京：國際文化出版公司，1989 年。

89. 秦家懿編譯：《德國哲學家論中國》，北京：三聯書店，1993 年。

90. 安文鑄等著：《萊布尼茨與中國》，福州：福建人民出版社，1993 年。

91. 張秀民、韓琦：《中國活字印刷史》，北京：中國書籍出版社，1998 年。

92. 韓琦：《中國科學技術的西傳及影響》，石家莊：河北人民出版社，1999 年。

93. 徐海松：《清初士人與西學》，北京：宗教文化出版社，2000 年。

94. 吳孟雪：《明清時期——歐洲人眼中的中國》，北京：中華書局，2000 年。

95. 吳孟雪：《明代歐洲漢學史》，北京：東方出版社，2000 年。

96. 張國剛：《明清傳教士與歐洲漢學》，北京：中國社會科學出版社，2001 年。

97. 陶亞兵：《明清間的中西音樂交流》，北京：東方出版社，2001 年。

98. 龐乃明：《明代中國人的歐洲觀》，天津人民出版社，2006 年。

99. 周寧：《天朝遙遠：西方的中國形象研究》，北京大學出版社，2006 年。

100. 張國剛、吳莉葦：《啓蒙時代歐洲的中國觀》，上海：上海古籍出版社，2006 年。

101. 譚慧穎：《〈西儒耳目資〉源流辨析》，北京：外語教學與研究出版社，2008 年。

102. 張西平：《歐洲早期漢學史──中西文化交流與西方漢學的興起》，中華書局，2009 年。

103. 范存忠：《中國文化在啓蒙時期的英國》，南京：譯林出版社，2010 年。

104. 羅光主編：《紀念利瑪竇來華四百週年中西文化交流國際學術會議論文集》，臺北：輔仁大學出版社，1983 年。

三、中文譯著和外文論著

1. 【意】利瑪竇著：《利瑪竇中國傳教史》，劉俊餘、王玉川譯，臺北：光啓出版社，1986 年。

2. 【意】利瑪竇：《利瑪竇書信集》，羅漁譯，臺北：光啓出版社，1986 年。

3. 【意】利瑪竇、【法】金尼閣著：《利瑪竇中國札記》，何高濟等譯，北京：中華書局，1983 年。

4. 【德】彼得·克勞斯·哈特曼：《耶穌會簡史》，谷裕譯，北京：宗教文化出版社，2003 年。

5. 【荷】安國風：《歐幾里得在中國──漢譯《幾何原本》的源流與影響》，江蘇人民出版社，2009 年。

6. 【法】貝凱、韓柏詩譯注：《柏朗嘉賓蒙古行紀》，耿昇譯，北京：中華書局，1985 年。

7. 【法】裴化行：《利瑪竇評傳》，管震湖譯，商務印書館，1993 年。

8. 【法】安田樸、謝和耐：《明清間入華耶穌會士和中西文化交流》，耿昇譯，成都：巴蜀書社，1993 年。

9. 【法】裴化行：《天主教十六世紀在華傳教誌》，蕭濬華譯，上海：商務印書館，1936 年。

10. 【法】費賴之，郝振華等譯：在華耶穌會士列傳及書目，中華書局，1995 年。

11. 【法】榮振華：《在華耶穌會士列傳及書目補編》，耿昇譯，中華書局，1996 年。

12. 【法】沙百里：《中國基督徒史》，耿昇、鄭德弟譯，中國社會科學出版社，1998 年。

13. 【法】安田樸：《中國文化西傳歐洲史》，耿昇譯，商務印書館，2000 年。

14. 【法】謝和耐：《中國與基督教：中西文化的首次碰撞》，耿昇譯，上海古籍出版社，2003 年。

15. 【法】畢諾：《中國對法國哲學形成的影響》，耿昇譯，北京：商務印書館，2000 年。

16. 【法】托克維爾：《舊制度與大革命》，馮棠譯，商務印書館，1992 年。

17. 【法】戈岱司編：《希臘拉丁作家遠東古文獻輯錄》，耿昇譯，北京：中華書局，1987 年。

18. 【美】馬文‧佩里：《西方文明史》上卷，胡萬里等譯，北京：商務印書館，1991 年。

19. 【美】莫爾：《基督教簡史》，郭順平譯，商務印書館，1996 年。

20. 【美】秦家懿：《中國宗教與基督教》，三聯書店，1997 年。

21. 【美】蘇爾、諾爾：《中國禮儀之爭西文文獻一百篇》，沈保義等譯，上海：上海古籍出版社，2001 年。

21. 【美】鄧恩：《從利瑪竇到湯若望——晚明的耶穌會傳教士》，余三樂譯，上海古籍出版社，2003 年。

22. 【美】史景遷：《利瑪竇的記憶之宮：當西方遇到東方》，陳恒、梅義徵譯，上海：上海遠東出版社，2005 年。

23. 【美】孟德衛：《1500～1800 中西方的偉大相遇》，江文君等譯，北京：新星出版社，2007 年。

25. 【美】孟德衛：《奇異的國度——耶穌會適應政策及漢學的起源》，陳怡譯，大象出版社，2010 年。

26. 【美】克拉克：《東方啟蒙：東西方思想的遭遇》，於閩梅、曾祥波譯，上海：上海人民出版社，2011 年。

27. 【美】威利斯頓‧沃爾克：《基督教會史》，孫善玲、段琦等譯，中國社會科學出版社，1992 年。

28. 【美】馬文‧佩里：《西方文明史》，胡萬里等譯，商務印書館，1993 年。

29. 【美】蘇爾、諾爾：《中國禮儀之爭西文文獻一百篇》，沈保義等譯，上海：上海古籍出版社，2001 年，第 3 頁。

30. 【美】克拉克：《東方啟蒙：東西方思想的遭遇》，上海：上海人民出版社，2011 年。

31. 【美】柔克義譯注：《魯布魯克東行紀》，何高濟譯，北京：中華書局，1985 年。

32.【美】羅賓·溫克：《牛津歐洲史》，吳舒屛譯，長春：吉林出版集團有限責任公司，2009 年。

34.【日】平川祐弘：《利瑪竇傳》，光明日報出版社，1999 年。

35.【葡】J.H.薩拉依瓦：《葡萄牙簡史》，北京展望出版社，1988 年。

36.【葡】科爾特桑：《葡萄牙的發現》，鄧蘭珍譯，中國對外翻譯出版公司，1996 年。

37. 蘇布拉馬尼亞姆：《葡萄牙帝國在亞洲》，紀念葡萄牙發現事業澳門地區委員會出版，1997 年。

38.【葡】費爾南·門德斯·平托等著：《葡萄牙在華見聞錄：十六世紀手稿》，王鎖英譯，海南：海南出版社，1998 年。

39.【瑞典】龍思泰：《早期澳門史》，北京：東方出版社，1997 年。

40.【意】鄂多立克：《鄂多立克東遊錄》，何高濟譯，北京：中華書局 1981 年。

41.【意】柯毅霖：《晚明基督論》，王志成譯，四川人民出版社，1999 年。

42.【意】馬可·波羅著：《馬可·波羅行紀》第二卷，馮承鈞譯，上海：上海書店，1999 年。

44.【英】羅素：《西方哲學史》下卷，何兆武、李約瑟譯，北京：商務印書館，1977 年。

45.【英】道森《出使蒙古記》，呂浦譯，北京：中國社會科學出版社，1983 年。

46.【英】莫爾：《1550 年前的中國基督教史》，郝鎮華譯，北京：中華書局，1984 年。

47.【英】恩·貢布里希：《簡明世界史：從遠古到現代》，張榮呂譯，桂林：廣西師範大學出版社，2003 年。

48.【英】溫克斯：《牛津歐洲史》，長春：吉林出版集團有限責任公司，2009 年。

49【英】赫德遜：《歐洲與中國》，李申、王遵仲、張毅譯，北京：中華書局 1995 年。

50.【比】鐘鳴旦：《楊廷筠──明末天主教儒者》，社會科學文獻出版社，2002 年。

51.【比】鐘鳴旦：《禮儀的交織──明末清初中歐文化交流中的喪葬禮》，上海古籍出版社，2009 年。

52.【比】高華士：《清初耶穌會士魯日滿：常熟帳本及靈修筆記研究》，趙殿紅譯，鄭州：大象出版社，2007 年。

53. Josef Franz Schutte：Valignano's Missionary Prinsples for Japan（1573～1582）, India Anand Press, 1980.

54. Young, John D. Confucianism and Christianity: The First Encounter. Hong Kong: Univ. of Hong Kong, 1983.

55. Wu.David Chusing . The Employment of Chinese Classical Thought in Ricci Theological Contextualzation in Sixteenth Century China.California: TH.D, 1984.

56. Rule, Paul A. K´ung-tzu or Confucius: The Jesuit Interpretation of Confucianism. London: Allen & Unwin, 1986.

57. Ronan, Charles E., S. J. & Oh, Bonnie B. C. eds. East Meets West: The Jesuits in China, 1582～1773. Chicago: Loyola Univ. Press, 1988.

58. Kim, Sanqkeun.Strang Name of God: the Missionary of The Divine Name and Chinese Responses to Ricci´s "Shangti" in Late Ming China.New York: P.Lang, 2004.

59. Liam MatthewBrockey. Journey to The East: The Jesuit Mission to China.London: Cambridge, 2007.

60. Michela Fontana.Matteo Ricci: A Jesuit in The Ming Court.New York: 2011.

四、論文

1. 包麗麗：《「似非而是」還是「似是而非」——〈天主實義〉與〈畸人十篇〉的一個比較》,《甘肅社會科學》2006 年第 6 期。

2. 曹婉如：《中國現存利瑪竇世界地圖研究》,《文物》1983 年第 12 期。

3. 曹學稚：《利瑪竇與「南昌傳教模式」初探》,《江西社會科學》2007 第 3 期。

4. 曹保平：《利瑪竇與漢語國際傳播》,《蘭臺世界》2010 年第 11 期。

5. 陳義海：《從利瑪竇易僧袍爲儒服看跨文化交流中的非語言傳播》,《上海師範大學學報》2004 年第 1 期。

6. 陳雪花：《淺議利瑪竇的「合儒」》,《浙江學刊》1991 年第 4 期。

7. 陳戎女：《儒耶之間的文化轉換——利瑪竇〈天主實義〉分析》,《中國文化研究》2001 年夏之卷。

8. 陳可培：《利瑪竇的〈畸人十篇〉與道家思想》,《東方論壇》2007 年第 6 期。

9. 鄧愛紅：《利瑪竇、章潢、熊明遇與南昌地區的西學東漸》,《江西教育學院學報》2004 年第 4 期。

10. 關明啓：《利瑪竇的〈交友論〉及其對晚明社會的影響》,《廣東教育學院學報》2005 年第 8 期。

11. 郭熹微：《試論利瑪竇的傳教方式》，《世界宗教研究》1995 年第 1 期。

12. 高智瑜、林華：《利瑪竇與西方漢學》，《北京行政學院》2000 年第 5 期。

13. 何兆武：《明末清初西學之再評價》，《學術月刊》1999 年第 1 期。

14. 黃細嘉：《利瑪竇與「南昌傳教模式」初探》，《江西社會科學》2007 年第 3 期。

15. 黃時鑒：《利瑪竇世界地圖研究百年回顧》，《暨南學報》2006 年第 2 期。

16. 賈慶軍：《利瑪竇對儒家本原思想的批判及其矛盾》，《西南大學學報》（社會科學版）2010 年第 2 期。

17. 蔣祖緣：《利瑪竇在廣東的傳教和科學活動》，《廣東社會科學》1989 年第 2 期。

18. 計翔翔：《關於利瑪竇衣儒服的研究》，《世界宗教研究》2001 年第 3 期。

19. 江靜：《利瑪竇世界地圖在日本》，《浙江大學學報》（人文社會科學版）2003 年第 5 期。

20. 康志傑：《利瑪竇論》，《湖北大學學報》1994 年第 2 期。

21. 林金水：《利瑪竇在中國的活動與影響》，《歷史研究》1983 年第 1 期。

22. 林金水：《利瑪竇與福建士大夫》，《文史知識》1995 年第 8 期。

23. 林金水：《利瑪竇輸入地圓學說的影響與意義》，《文史哲》1985 年第 5 期。

24. 林金水、代國慶：《利瑪竇研究三十年》，《世界宗教研究》2010 年第 6 期。

25. 林鳳生：《他爲中西科學文化的交流開啓了一扇「功德之門」——紀念利瑪竇逝世 400 週年》，《自然雜誌》2010 年第 4 期。

26. 林中澤：《從利瑪竇的書信和日記看晚明的天、釋關係》，《學術研究》2009 年第 4 期。

27. 林中澤：《利瑪竇與龐迪我關係辨析》，《史學月刊》2003 年第 1 期。

28. 林中澤：《利瑪竇的「大西三父說」與儒家的忠孝論》，《學術研究》2002 年第 4 期。

29. 李申：《利瑪竇與中國》，《世界歷史》1985 年第 3 期。

30. 李華偉：《儒家和天主教孝論的衝突與對話——以〈天主實義〉爲中心的考察》，《北京大學研究生學志》2008 年第 3 期。

31. 李聖華：《利瑪竇與京師攻禪事件——兼及〈天主實義〉的修訂補充問題》，《中國文化研究》2009 年春之卷。

32. 李慶安：《〈西國記法〉及其歷史命運》，《雲南民族大學學報》2004 年第 3 期。

33. 李明山：《利瑪竇傳教團韶州傳教事略》，《韶關學院學報》2009 年第 4 期。

34. 劉健：《十六世紀天主教對華政策的演變》，《世界宗教研究》，1986 年第 1 期。

35. 李新德：《利瑪竇筆下的中國佛教形象》，《溫州師範學院學報》（社會科學版）2004 年第 3 期。

36. 李伯毅：《天主教第二次入華與利瑪竇的貢獻》，《中國天主教》2004 年第 4 期。

37. 劉復剛：《利瑪竇對中國地圖學發展的貢獻》，《齊齊哈爾大學學報》2004 年第 9 期。

38. 梅曉娟、周曉光：《利瑪竇傳播西學的文化適應策略——以〈坤輿萬國全圖〉爲中心》，《安徽師範大學學報》（人文社會科學版）2007 年第 6 期。

39. 倪靜雯：《利瑪竇與南京》，《東南文化》2004 年第 5 期。

40. 龐乃明：《利瑪竇與明人歐洲觀的初步形成》，《求是學刊》2005 年第 3 期。

41. 龐乃明：《試論晚明時代的「利瑪竇現象」》，《貴州社會科學》2008 年第 7 期。

42. 龐乃明：《來華耶穌會士與晚明華夷觀的演變》，《貴州社會科學》，2009 年第 6 期。

43. 孫尚揚：《從利瑪竇對儒學的批判看儒耶之別》，《哲學研究》1991 年第 9 期。

44. 孫尚揚：《利瑪竇與漢語神學》，《中國民族報》2010 年 5 月 11 日。

45. 孫尚揚：《利瑪竇對佛教的批判及其對耶穌會在華傳教活動的影響》，《世界宗教研究》1998 年第 4 期。

46. 孫尚揚：《求索東西天地間——利瑪竇論人生與道德》，《北京大學學報》（哲學社會科學版）1992 年第 1 期。

47. 疏仁華：《利瑪竇與儒學的會通和衝突》，《山東科技大學學報》2006 年第 2 期。

48. 疏仁華：《論利瑪竇的文化適應策略》，《學術界》2010 年第 5 期。

49. 宋榮培：《利瑪竇向中國文人介紹西方學術思想的意義》，《孔子研究》2010 年第 1 期。

50. 湯開建：《明清之際中國天主教會傳教經費之來源》，《世界宗教》，2001 年第 4 期。

51. 桐藤薫：《明末耶穌會傳教士與佛郎機》，載《史學集刊》2011 年第 3 期。

52. 吳孟雪：《利瑪竇在南昌的文化活動及影響》，《江西社會科學》1992 年第 1 期。

53. 吳青、陳文源：《明代士宦祝世祿與利瑪竇交遊述略》，《廣西民族學院學報（哲學社會科學版）》2005 年第 4 期。

54. 吳強華：《從利瑪竇的天主教儒學化理論看中西文化交流》，《學術月刊》2003 年第 5 期。

55. 王德慶、黃強：《論利瑪竇儒學觀的特點》，《唐都學刊》2001 年專輯 2。

56. 王蘇娜：《利瑪竇對西方古典作家的使用及其人文主義思想淵源，《世界哲學》2010 年第 3 期。

57. 希都日古：《關於明代蒙古人的宗教信仰》，《中國邊疆史地研究》，2006 年第 3 期。

58. 許蘇民：《靈光燭照下的中西哲學比較研究——利瑪竇〈天主實義〉、龍華民〈靈魂道體說〉、馬勒伯朗士〈對話〉解析》，《中山大學學報》（社會科學版）2007 年第 2 期。

59. 肖朗：《利瑪竇與白鹿洞書院及其它——以文獻整理視角的考察》，《江西社會科學》2007 年第 1 期。

61. 陰法魯：《利瑪竇與歐洲教會音樂的東傳》，《音樂研究》1982 年第 2 期。

62. 岳宏：《利瑪竇的北京之行》，《歷史教學》2008 年第 7 期。

63. 余三樂：《論利瑪竇對中西文化交流的貢獻及其歷史地位》，《肇慶學院學報》2007 年第 3 期。

64. 楊澤忠：《利瑪竇與非歐幾何在中國的傳播》，《史學月刊》2004 年第 7 期。

65. 于化民：《徐光啓科學思想的基本特徵》，《東嶽論叢》1991 年第 1 期。

66. 于化民：《禮儀之爭與文化衝突》，《傳統文化與現代化》1999 年第 1 期。

65. 曾崢、劉翠平：《利瑪竇在韶關對西方數學的傳播及其影響》，《韶關學院學報》2009 年第 4 期。

66. 張西平：《利瑪竇的〈天主教教義〉初探》，《中國文化研究》2005 年夏之卷。

67. 張維華、孫西：《十六世紀耶穌會士在華傳教政策的演變》，《文史哲》1985 第 1 期。

68. 張維華、于化民：《略論中西交通史的研究》，《文史哲》1983 年第 1 期。

68. 朱愛蓮：《〈利瑪竇中國札記〉中的中國形象》，《河南師範大學學報》2001 第 6 期。

69. 鄒振環：《利瑪竇〈交友論〉的譯刊與傳播》，《復旦學報（社會科學版）》2001 年第 3 期。

70. 朱幼文：《析利瑪竇對理學的批判及其影響》，《華東師範大學學報》（社會科學版）1997 年第 5 期。

71. 朱志瑜：《〈天主實義〉利瑪竇天主教詞彙的翻譯策略，《中國翻譯》2008 年第 6 期。

72. 趙偉：《耶合釋道：利瑪竇對中國佛教早期傳播經驗的借鑒，《天津社會科學》2000 年第 6 期。

73. 周運中：《利瑪竇〈輿地圖〉佚文考釋及其它》，《自然科學史研究》2010 年第 4 期。

74. 周寧：《海客談瀛洲：帝制時代中國的西方形象》，《書屋》2004 年第 4 期。

75. 張忠民：《利瑪竇與西方文化在中國的傳播》，《蘭臺世界》2010 年第 2 期。

76. 張先清：《被遺忘的歷史——1910 年的晚清朝廷與利瑪竇逝世三百週年紀念會》，《學術月刊》2010 年第 7 期。

五、未刊論文

1. 陳登：《利瑪竇倫理思想研究》，湖南師範大學宗教倫理專業博士論文，2002 年。